Ludwig Selbach

**Das Streitgedicht**

in der altprovenzalischen Lyrik und sein Verhältniss zu ähnlichen

Dichtungen anderer Litteraturen

Ludwig Selbach

**Das Streitgedicht**
*in der altprovenzalischen Lyrik und sein Verhältniss zu ähnlichen Dichtungen anderer Litteraturen*

ISBN/EAN: 9783337413781

Hergestellt in Europa, USA, Kanada, Australien, Japan

Cover: Foto ©Thomas Meinert / pixelio.de

Weitere Bücher finden Sie auf **www.hansebooks.com**

# AUSGABEN UND ABHANDLUNGEN

## AUS DEM GEBIETE DER

### ROMANISCHEN PHILOLOGIE.

VERÖFFENTLICHT VON E. STENGEL.

**LVII.**

# DAS STREITGEDICHT

## IN DER

# ALTPROVENZALISCHEN LYRIK

## UND SEIN

### VERHÄLTNISS ZU ÄHNLICHEN DICHTUNGEN ANDERER LITTERATUREN.

## VON

## LUDWIG SELBACH.

MARBURG

N. G. ELWERT'SCHE VERLAGSBUCHHANDLUNG.

1886.

Herrn

# Professor Dr. Edmund Stengel

in dankbarer Verehrung

gewidmet

vom Verfasser.

## §. 1.

1] Dem Streitgedicht — darauf deutet schon sein prov. Name*) hin — liegt die Idee des sinnlichen Kampfes, sei es nun des ernsten sinnlichen Kampfes oder des Kampfspieles, zu Grunde. Wie bei diesen der natürlichen Auffassung nach nur eine Beteiligung zweier oder mehrerer Streiter denkbar ist, so kann auch von einem Streitgedicht im eigentlichen Sinne des Wortes nur da die Rede sein, wo dasselbe nach prov. Art durch Herausforderung und Entgegnung zweier oder mehrerer sich feindlich gegenüberstehender Dichter entstanden ist. Den beiden Seiten des sinnlichen Kampfes (ernster Kampf und Kampfspiel) entsprechend, lässt sich auch das prov. Streitgedicht in zwei Hauptarten sondern, welche sich durch den Ernst der Veranlassung und die Art und Weise in Anlage und Ausführung unterscheiden: *Tenzone* im engeren Sinne und *Partimen*.

2] Dem eigentlichen Kampfe ist erstere vergleichbar. Wie sich dort die Gegner in ungezwungener Weise durch Hieb und Gegenhieb körperlich zu schädigen suchen, wollen

---

*) Prov. *„tenso"*. Diez (Etym. Wtb. p. 687 ed. Scheler) giebt pr. tensar, afrz. tencer streiten, bestreiten, nfrz. tancer ausschelten als Participialvb. von tenere, tentus in der Bedeutung „einen Satz behaupten", afrz. auch „vertheidigen", „schützen" und daher afrz. tence, tencon, prov. tensa, tenson an. Tener in dieser Bedeutung kommt in zwei Partimen (24, 1 u. 227, 7) vor. Tenson ist jedoch prov. gleichbedeutend mit contenson (437, 11), welches auf lat. contentio, Waffen- und Wortstreit, hindeutet und von contendere, pr. contendre (52, 3; 238, 2) schwerlich zu trennen ist. Eine Ueberschrift von 388, 1 in Hs. O ist contencio. Da nun lat. tendere sich begrifflich mit contendere berührt, so wird man tenso als eine Kürzung aus contenso — contentionem — ansehen oder doch mit dem Participialvb. tensar aus lat. tendere — tentus — tentiare zusammenbringen müssen; cf. Groeber's Ztschr. VI, p. 119.

1

sie sich hier durch Ueberbietung in Beschuldigung aller ihnen anhaftenden Schwächen und Gebrechen sittlich in den Staub ziehn. Hier endet der Wortstreit entweder unentschieden oder mit der Niederlage eines Gegners; stets aber findet er seinen Abschluss durch die Streiter selbst.

3] Das Partimen, dem auch der Name *joc partit*, geteiltes Spiel, zugehört, erinnert dagegen in manchen Zügen an das Kampfspiel, welchem man in der mittelhochdeutschen Litteratur vielfach unter dem Namen *geteiltiu spil* begegnet. Auch bei dem „geteilten spil" waren verschiedene Formen üblich, doch schon die Uebereinstimmung der Bezeichnungen deutet an, dass sich hier, wie im poet. Wettkampf, die Spielgenossen in die Uebernahme mehrerer, bei freier Wahl gewöhnlich aequivalenter, Dinge teilten oder doch Bedingungen festsetzten, um deren Erfüllung sie wetteiferten. Die Entscheidung war hier nicht immer durch den Ausgang selbst bestimmt, sondern oft dem Urteil von Schiedsrichtern (Kiesern beim Kampfspiel) anheimgegeben. Eine Anschauung solchen leiblichen Kampfspieles giebt uns das Nibelungen-Lied Str. 404 (Ed. V. Lachmann p. 56):

„Den stein sol er werfen und springen dar nâch,
Den gêr mit mir schiezen. lât iu sîn niht ze gâch.
Ir muget hie wol verliesen die êre und ouch den lîp:
Des sult ir iuch bedenken", sprach daz minneclîche wîp.

Die Spiele, welche hier Brunhilde ihrem Partner Gunther auferlegt, werden von ihr selbst Str. 402 geteiltiu spil benannt, eine Bezeichnung (*jeu-parti*), die noch heute bei dem fahrenden Volk der Jahrmärkte für eine Art Ritterspiel in Anwendung kommt, wie mir aus dem Programm eines solchen, welches ich hier in Marburg gesehen, in Erinnerung ist.

4] Während der leibl. Wettkampf in seiner aus dem Nib.-Lied bekannten Form eher dem Certamen entspricht, erinnert er in der Form des Tourniers mehr an das Partimen. (s. 50.) Die Bezeichnung *Torneyamen* für einen poetischen Streit zwischen mehr als zwei Interlocutoren geht denn auch von der Vorstellung des leiblichen Kampfspieles, des Tourniers, aus. Ausserdem werden noch Schach- und Würfel-Spiel, welche sonst in der prov. Poesie als Vergleiche zum Spiel der Liebe dienen (L. u. W. p. 374 u. 387), mit unserer Dichtgattung in Verbindung gebracht (248, 11; 248, 28; 448, 1) und überhaupt ähneln mehrere moderne Gesellschaftsspiele in ihrer Einrichtung dem poetischen joc partit der Provenzalen. Ueber geteiltiu spil vgl. ferner: Iwein, Ed. III. Benecke und

Lachmann zu Vs. 4630; Erec, Ed. II. Haupt-Anm. zu Vs. 867
ff.; Wartburg-Krieg, Ed. Simrock §. 16.

## §. 2.

5] Bei den Provenzalen muss sich das Streitgedicht,
namentlich die Art des Partimen, grosser Beliebtheit erfreut
haben. Dichter jeden Ranges, von den bedeutendsten Rei-
genführern der prov. Musensitze bis herab zum kleinsten
Dichterling fanden in dieser Gattung ein Mittel Kunstfertigkeit und Gelehrsamkeit zur Schau zu tragen. Durch das
Partimen traten sie in Verkehr mit den mächtigsten Gönnern,
welche teils mit ihnen selbst Streitgedichte verfassten, teils
zur Verhandlung von Liebesstreitfragen Anregung gaben.
Der Graf von Rodes, der Vizgraf von Torena und der
Delphin v. Alvergne schätzen Uc von St. Circ auch wegen
der „tensos“, die sie mit ihm wechselten (M. II. p. 47); selbst
Könige (Peire II. v. Aragon), mächtige Fürsten und hoch-
gestellte Frauen erscheinen als Interlocutoren; Guillem de
Montaignagout ist vom Grafen von Provence beauftragt
Sordel eine Liebesfrage vorzulegen (225, 14); Folquet macht
mit G. Riquier auf Wunsch ihres frohsinnigen Gönners,
Grafen v. Comunge, ein Partimen (153, 2) und Graf Karl
(1. v. Anjon) wünscht über die Ansichten, welche Sordel und
Bertram d'Alamano über eine Streitfrage ausgetauscht, unter-
richtet zu werden. (437, 10; 189, 4.)

6] Sammlungen von Liebesstreitfragen, als welche man
früher wohl die *Contentiones* der Blanchemain auffasste (Bartsch,
Grdr. p. 64), scheint man jedoch nicht angelegt zu haben.
Nach den neueren Untersuchungen von A. Thomas waren
die Contentiones vermutlich eine Sammlung partimenartiger,
moralisirender Erörterungen, welchen gelegentlich zur Stütze
der gewonnenen Ansichten Anekdoten beigegeben waren. Sie
handelten etwa über die Frage: Lequel vaut mieux, avoir
une femme qui vous trompe, mais qui vous accable de préve-
nances, ou une femme fidèle, mais peu empressée? (Thomas,
Franc. da Barb. et la litt. prov. etc. p. 153).

## §. 3.

7] Was nun unser Interesse an dem prov. Streitgedicht,
speciell dem Partimen, einigermassen erhöht, ist seine frühe
eigentümliche Ausbildung. Poetische Wettkämpfe, in denen
man einen und denselben oder zwei verschiedene Gegenstände
wetteifernd besingt und feiert oder zwei Parteien streitend
vorführt, sind zwar auch in früheren und gleichzeitigen

1*

Litteraturen anderer Völker bekannt, aber als wirkliche
Wettgesänge, zwischen zwei oder mehreren sich feindlich
gegenüberstehenden Dichtern, sind sie zuerst bei den Provenzalen ausgebildet worden. Diejenigen Litteraturen, welche
Streitgedichte im prov. Sinne aufweisen, haben sie erst später,
mithin wahrscheinlich unter dem Einflusse prov. Vorbilder,
gepflegt, so die port. u. span. (vgl. F. Wolf Studien S. 202).

8] Auch das nordfranzösische *Jeu-parti* ist ganz nach dem
Muster des provenzalischen, ein mattes Abbild desselben,
ausgeführt. Bezüglich der reichen Jeu-parti-Litt. bei den
Nordfranzosen (194 jeux-partis) genügt eine Verweisung auf
G. Raynaud: Bibliographie des chansonniers français des
XIII° et XIV° siècles t. II.

No. 8, 25, 39, 101, 107, 147, 155, 203, 239, 258, 259, 277,
289, 294—298, 330—335, 359, 365, 375, 378, 400, 403, 491,
494, 496, 497, 546, 547, 572, 596, 618, 650, 664, 666, 667—669,
690—694, 703, 704, 706, 707, 770, 840—842, 861, 862, 871,
878, 899, 907—910, 915—918, 926—928, 931, 938, 940—952,
958, 978, 1021, 1025—1027, 1034, 1041, 1042, 1054, 1066,
1068, 1071, 1072, 1074—1076, 1078, 1085, 1092, 1094, 1097,
1111, 1112, 1121, 1122, 1167, 1185, 1187, 1191, 1200, 1201,
1230, 1235, 1263, 1282, 1290, 1291, 1293, 1296, 1307, 1316,
1331, 1335, 1336, 1338, 1340, 1341, 1343, 1344, 1346, 1351,
1354, 1393, 1437, 1442, 1443, 1448, 1504, 1505, 1513, 1514,
1517, 1518, 1520, 1523, 1584, 1588, 1637, 1666, 1671, 1672,
1674, 1675, 1678, 1679, 1687, 1737, 1744, 1759, 1774, 1776,
1794, 1798, 1804, 1817, 1818, 1822, 1824, 1825, 1833, 1838,
1850, 1861, 1878, 1888, 1890, 1925, 1949, 1962, 1966, 2014,
2049, 2083, 2129.

9] In der italienischen und englischen Poesie kommt es
meines Wissens gar nicht vor. Im Italienischen geben einigen Ersatz für den Mangel die *Frag-* und *Antwort-Sonette*,
bei welchen auch die Regel, dass der Antwortende den Reim
des Fragers befolgen muss, an das prov. Streitgedicht erinnert. (Poesie p. 252.) Im Englischen sind dagegen in zahlreichen Beispielen jene fingirten Redekämpfe vertreten, welche
der französischen Dichtung nach dem Vorgange mittellateini-
scher Poeten schon früh unter den Namen *estrif, desbat,
disputoison* u. s. w. geläufig waren. Es geht gleichsam ein
kosmopolitischer Zug durch diesen Zweig der dialogischen
Dichtung. Sie begegnet nicht nur in der mittellateinischen,
französischen und englischen, sondern auch in der italienischen, spanischen, portugiesischen, deutschen, ja auch der persischen und secundären türkischen Poesie.

10] In der deutschen finden sich schon unter den höfischen Dichtern Belege dieser Gattung\*), während die bei den Provenzalen übliche erst bei den sogenannten Meistersängern, Heinrich v. Meissen (Frauenlob\*\*) und seinen Genossen Rumezlant und Regenboge, also gegen Ende des 13. resp. Anfang des 14. Jahrh. auftaucht. Aber auch in dieser Periode sind prov. Muster nur sehr spärlich nachgebildet worden, eine Erscheinung, die vorwiegend in der Charakterverschiedenheit der prov. und deutschen Lyrik überhaupt begründet sein mag. Unzweifelhaft wurden auch bei den Minnesingern Liebesfragen gestellt, doch hat sich keine besondere Dichtgattung daraus entwickelt (Poesie 237). Bei der grösseren Tiefe und Innigkeit der deutschen Lyrik mochte die verstandesmässige Künstelei des prov. Joc partit keinen Eingang finden.

## §. 4.

11] Erst neuere deutsche Dichter, zugleich Gelehrte, haben das prov. *Joc partit* durch scherzhafte Versuche in der deutschen Poesie wieder in Erinnerung gebracht. Kein Wunder, dass auch F. Rückert, der mit so seltener Feinheit die poetischen Stimmen anderer Völker belauschte und nachahmte, auf dem Felde des poetischen Streites erscheint:

„Sänger, sprecht mir einen Spruch!
Saget was ist mind're Noth:
Der Geliebten Treuebruch
Oder der Geliebten Tod?"

fordert er seinen Mitstreiter Uhland auf. Dieser legt in vier ununterbrochenen Strophen den Vorzug des Todes in Treue dar und Rückert verficht dagegen in vier weiteren Strophen das Leben der Geliebten in Untreue\*\*\*). Inhaltlich vgl. dazu B. G. 194, 18. Alle Argumente werden also in diesem Gedicht auf einmal gebracht, nicht in einzelnen hin und her sausenden Hieben wie im Joc partit.

---

\*) Ein Zwiegespräch zwischen Gawan und Keie über die Mittel und Wege, welche am Hofe zu Amt und Würden führen, unter den Gedichten, welche M. S. II, 149 dem tugendhaften Schreiber beigelegt werden. (Simrock §. 16.)

\*\*) Frauenlob verhandelt mit Regenboge und Rumezlant die Frage, ob die Frauen mehr durch die Anrede wîp oder frouwe geehrt würden. (Ettmüller, Frauenlob 107.)

\*\*\*) Gedr. bei Rückert, ges. Ged. 1843, I. Teil p. 515. Aufnahme des Gedichtes im Jahre 1836.

12] Mehr Anlehnung an prov. Muster haben in dieser Hinsicht Wackernagel und Simrock beobachtet, indem sich ihr Dialog Strophe um Strophe bewegt. Die fein ersonnene, neckische Herausforderung Wackernagels atmet frische Kampfeslust:

> „Joseph, nun zieh ich vor Dein Haus,
> Und schlag an's Thor und rufe Dich zum Streit heraus:
> Freund Joseph, komm und sei zum Kampfe wacker!
> An meiner Hüfte klirrt das Schwert,
> Und munter weht die Fahn am Schaft: es schnaubt das Pferd
> Und drückt den Huf unruhig in den Acker.
> Wer unterliegt, der zürnet nicht: leicht tröstet sich jedweder,
> Warf Freundesarm ihn auf den Sand.
> Ich frage Dich, antworte Du und sprich zur Hand:
> Ist mehr das Schwert zu ehren, mehr die Feder?"

J. Simrock: „Ich öffne, Wilhelm, Dir das Thor,
> Da stehst Du unberitten, stehst zu Fuss davor:
> Es schnaubt kein Ross, es klirren keine Sporen;
> Nicht Schwert noch Lanze giebt's zu sehn:
> Nur eine Fahn' am Schaft der Feder seh' ich wehn;
> Sie reitet auf dem Sattel Deiner Ohren.
> So hast Du, seh ich sonnenklar, der Feder Dich ergeben,
> Und sprichst dem Dienst des Schwertes Hohn.
> Das Gastrecht schützet Dich: sonst lehrt ich Dich zum Lohn
> Das Schwert verehren, dem die Reiche beben *)."

Nachdem Simrock in dieser Weise seinem Gegner die Ehrenrettung der Feder überwiesen, ringen die Dichter in noch ferneren neunzehn Strophen um die Prävalenz der erkorenen Gegenstände. Wiederholt erhärten beide im Verlaufe der Erörterungen ihre Ansichten durch Zeugnisse aus biblischen Stoffen, der alten Geschichte, deutschen Heldensage und mit treffendem Witz ersonnene Bilder aus der Natur. Chamisso, dem „steht so wohl das Saitenspiel, dem einstmals, frisch geschwungen, so wohl die blanke Klinge stand" wird das Richtschwert in die Hand gelegt; doch entscheidet er sich für keine Partei:

> „Das Geld ist Macht und Herrlichkeit
> Ein Freiherr Rothschild ist der Heros uns'rer Zeit" etc.

Hier also leuchten auf Schritt und Tritt die Grundzüge des prov. Joc partit hindurch. Eine formelle Abweichung zeigt

---

*) Ged. v. Wilh. Wackernagel p. 161.

sich, abgesehen von dem Wechsel des Reims, nur darin, dass die beiden Tornaden (1. hat 6, die 2. 4 Verse) sich nicht den letzten Versen der Strophen anschliessen, sondern zusammen das Reimschema einer ganzen Strophe bilden. Chamisso's Ausspruch ist, wie im Prov., in der Strophenform des Gedichts abgefasst. Dasselbe Thema behandelt auch ein persisches *Munâzarât* und zwei arabische *Prosa-Munâzarât*. (Ethé p. 118.)

### §. 5.

13] Der Wert dieser prov. Dichtungen liegt für uns nun zwar vornehmlich in der culturhistorischen Seite: Die Vorwürfe und Rechtfertigungen der Gegner in der Tenzone im engeren Sinne, die aufgeworfenen Fragen des Partimen und die während der Debatte geäusserten Meinungen geben uns ein ungetrübtes Bild von der Denk- und Empfindungsweise jener Jahrhunderte in Südfrankreich. Hauptziel vorliegender Arbeit blieb jedoch zunächst das gesammte Material, nach gewissen Gesichtspunkten geordnet, zusammenzustellen, das Verhältniss des prov. Streitgedichtes zu verwandten Dichtungen anderer Litteraturen aufzuhellen, sowie auch Fragen über Einrichtung, Vortrag derselben und dergl. zu erörtern.

Die am Schluss mitgeteilten, bisher ungedruckten, Gedichte verdanke ich der Güte meines verehrten Lehrers, Herrn Prof. Stengel, dem ich für die bereitwilligste Ueberlassung des vielfach nur handschriftlich vorhandenen Materials sowie für sonstige Förderung der Arbeit zu wärmstem Danke verpflichtet bin.

---

### Litteratur.
### §. 6.

14] Ausser den schätzbaren Berichten, welche uns die prov. Biographieen (Mahn Ed. II. Berlin 1878) über einzelne Streitgedichte hinterlassen haben, ist aus der älteren Zeit besonders eine Notiz in der Doctrina de compondre dictatz No. 17 u. 33 (Meyer: Traités catalans, Romania VI. p. 357) und eine weitere in den Leys d'amors zu erwähnen. (Ed. Gatien-Arnoult I, 344 und Bartsch, prov. Chrest. IV. p. 376.) Später hat Millot, histoire litt. des Troub. I. p. 66 des discours préliminaire dem Streitgedicht eine kurze Betrachtung vom Standpunkte des Moralisten und Aesthetikers aus gewidmet. Der erste, welcher ihm seine Aufmerksamkeit in philologischer Hinsicht zuwandte, war Raynouard: Choix des poésies orig. des Troub. Bd. II. 186 ff. Manche zweifelhafte Fragen erörtert und zum Teil gelöst zu haben ist das Verdienst unsers Altmeisters Diez: Poesie der Troub. II. p. 98 und p. 164 171. Fauriel's Abhandlung in: Hist. de la poésie prov. t. I, 473 und t. II, 101 ist meist eine Reproduction des von Diez Gesagten. Ferner: Galvani, Osservazioni sulla poesia de' Trovatori p. 65; K. Bartsch, Grdr. z. Gesch. d. prov. Litt. §. 25 und P. Meyer's Bemerkungen über einzelne spätere hierher gehörigen Producte in „Les derniers Troub. de la Provence." Einer freundlichen Mitteilung des Herrn Prof. Justi verdanke ich die Kenntniss eines Aufsatzes von H. Ethé unter dem nicht glücklich gewählten Titel: Ueber persische Tenzonen. (Verhandlungen des fünften internationalen orientali. Congresses, Berlin 1881, II. Teil p. 48.)

## Bezeichnungen der Gedichte.
## §. 7.

15] Im Vorhergehenden wurde schon gelegentlich angedeutet, dass sich das prov. Streitgedicht vorwiegend in zwei Richtungen — Tenzone im engeren Sinne und Partimen — darstellt. In dem ältesten, vielleicht Raimon Vidal beizulegenden Tractat (Doctrina *) wird noch kein Unterschied berührt, während die etwa 1350 abgeschlossenen Leys d'amors denselben ausdrücklich hervorheben. Auch von Raynouard, Diez, Fauriel, Bartsch sind beide a. a. O. promiscue gebraucht worden. Von allen hat überhaupt nur das Partimen eine grössere Beachtung, die eigentliche Tenzone dagegen nur eine beiläufige Erwähnung gefunden.

„Nicht immer, bemerkt z. B. Diez, hebt die Tenzone mit einer doppelten oder Streitfrage an, sondern erscheint zuweilen in Form eines gewöhnlichen Gesprächs; dreht sie sich alsdann um persönliche Verhältnisse, so pflegt sie sich leicht zu bitterem Wortwechsel zu wenden."

Auf die Unterscheidung beider „Gattungen" durch die Leys, aber mit Uebergehung des wichtigsten dort angegebenen Indiz's — en tenso cascus razona son propri fag — hat zwar

---

*) Doctrina de comp. dictats No. 33 : Tensu es dita tensu per ço com se diu contrastau e disputan subtilmen lo un ab l'altre de qualque rahu hom vulla cantar.

schon Philippson (Mönch v. Mont. p. 80) hingewiesen; wenn
er aber, und besonders Diez in seiner bisher eingehendsten
Erörterung, die Grenzen beider nicht deutlich markirten,
so scheint es hier um so mehr geboten eine auf die Gedichte
selbst sich stützende Erklärung zu suchen. Die Definitionen
der Leys können allerdings dabei zunächst als Gesichtspunkte
berücksichtigt werden; im Verlaufe dieser Untersuchung werden wir jedoch sehen, dass mehrere Gedichte dieser Gattung
weder eine Zuordnung zur *tenso* noch zum *partimen* im Sinne
des Leys zulassen würden.

16] La diffinitios de tenso: Tensos es contrastz o debatz, en lo
qual cascus mante e razona alcun dig o alcun fag; et aquest dictatz
alqunas vetz procezih per novas rimadas, et adonx pot haver. XX. o
trenta cobblas o may, et alcunas vetz per coblas, et aquest conte de.
VI. coblas a. X. am doas tornadas, en lasquals devo jutge eligir,
lequals definisca lor plag e lor tenso. Diffinitios de partimen: Partimens es questios ques ha dos membres contraris, le quals es donatz
ad autre per chauzir e per sostener cel que volra elegir; e pueysh
cascus razona e soste lo membre de la questio, lo qual haura elegit.
En totas las autras cauzas, cant al compas e cant al jutjamen
e cant al so, es semblans a tenso. Diferensa pot hom pero vezer
entre tenso e partimen, quar en tenso cascus razona son propri fag
coma en plag; mas en partimen razona hom l'autru fag e l'autru
questio, jaciaysso que soen panza hom partimen per tenso e tenso
per partimen, et aysso per abuzio.

Danach wäre die Tenzone ein Contrast oder eine Debatte
über ein wirkliches Factum oder Dictum eigener Person,
während das Partimen dem einen Unterredner eine zwei-
gliedrige Streitfrage über ausserpersönliche Angelegenheiten
vorlegt, und diesem eines ihrer Glieder nach Belieben zur
Verteidigung überlässt.

## §. 8.

17] Stellen wir nun die Bezeichnungen, welche die Troubadours selbst für diese Producte verwendet haben unter Angabe der Charakteristika der betr. Gedichte zusammen.

I. In den nach den Leys als *tenso* aufzufassenden Gedichten steht
die Bezeichnung *tenso* 70, 32 für ein milderes persönliches, 84, 1
für ein persönlich-satirisches Streitgedicht; *tenso* neben *plait*,
in 97, 7 und 248, 16; neben *vers d'amor* im ältesten, partimenartigen Streitgedicht 451, 1; *tensa* 75, 8 (resp. 298, 1: Sim dizes
mal Matheus. s. Arch. 34, 415), doch ist der Bezug von tenso
(tensa) auf das Gedicht nicht gleich sicher. Den sichersten
Ausweis geben stets die Tornaden.

**10**

II. Die *Partimen* nach den Leys tragen folgende Namen: 1) *Tenso*
1, 1. 8, 1. 16, 16. 165, 1. 165, 5. 194, 18. 239, 1. 295, 1. 366, 10.
406, 16. 414, 1. 437, 10. 461, 16. — 2) *Conten* 282, 14. — 3) *Contenso* 437, 11. s. auch Ensenhamen v. Guirant de Cabreira, pr.
Chrest. p. 85 Vs. 4 und Ueberschrift von 388, 1 in Hs. O (Contencio). — 4) *Partimen* 97, 4. 111, 1. 248, 20. 248, 28. 388, 1
neben *partida* 248, 14. — 5) *Partida* (partia) 196, 2. 225, 14.
424, 1. — 6) *Plait* (plag) und wenn auf Liebe bezüglich plait
d'amor 75, 5. 155, 24. 167, 42. 194, 2. 201, 5. 205, 4 dem ältesten
vollständigen Partimen; 236, 12. — 7) *Joc partit*, als geschlossener
Ausdruck selten, neben conten 388, 4, neben tenso u. plaitz 449, 1;
dagegen mehrfach *joc* in Verbindung mit andern Verbalformen
v. *partir* 24, 1. 129, 3. 435, 1 etc. — Mischung dieser Namen
zeigen folgende Gedichte: *Tenso* (tensa) mit: *partimen* 153, 2.
171, 1. 226, 5. 226, 8. 248, 34. 425, 1; *plait* 139, 1. 167, 47. 233, 5;
*partit* 359, 1; *joc partit* n. *plaitz* 449, 1. — *Conten* neben *plait*
238, 3; *joc partit* 388, 4. — *Partimen* (partida): *joc* (d'amor, partit)
229, 1. 248, 36; plag 249, 2.

III. Auf Streitgedichte zwischen mehr als zwei Interlocutoren gehen die Leys nicht ein. Diese werden benannt: *tenso*
226, 1. 248, 11. 392, 15; *tenso, conten, jocx enamoratz* 432, 2;
*partimen* 201, 6; *partia* 248, 77.

IV. Für die erdichteten Wortkämpfe erscheinen die Namen
*tenso* (305, 13. 366, 29) *content* und *plag* (82, 14).

18] Die Definitionen der Leys erweisen sich insofern mangelhaft, als ausserhalb des von ihnen gezogenen Rahmens mehrere
Gedichte stehen, welche weder persönliche Angelegenheiten der
Streiter selbst verhandeln noch in erster Cobla zwei sich widerstreitende Sätze vorschlagen. Zumeist bewegt sich der Disput
um irgend welche Zweifel über Persönlichkeiten, Welthändel
u. dergl. (s. §. 59). Der Name dieser Dichtungen ist *tenso*
10, 6. 149, 1. 201, 1. An das Partimen erinnern zwar Wendungen wie „*e partrai vos un joc*" 149, 1, doch entwickelt
sich der Dialog in freierer Gedankencombination wie im Partimen.

Schliesslich sei noch bemerkt, dass die Bezeichnung *partidor* einmal für den Interlocutor, ein anderes Mal in der Bedeutung von *partimen* angewendet wird (10, 3; 201, 5) und der
Ausdruck *vaqueira partizo* in vollster Bedeutung des Wortes
für ein obscoenes Partimen (401, 6) vorkommt.

### §. 9.

19] Die hier angegebenen Ausdrücke bezeichnen nun teils
den generellen, teils den speciellen Charakter der betr. Gedichte
in welchen sie vorkommen. So steht 1: *Tenso*, mit welchem

Tensa, Conten und Contenso sich decken, nach obiger Zusammenstellung

1) für jede fingirte oder wirkliche Verhandlung irgend welcher Streitsache in poetischer Form, ist also die Gattungsbezeichnung und daher im weitesten Sinne von Liederstreit aufzufassen. Der Gattungscharakter ist die Erörterung von Streitfragen in strophenweiser Wechselrede, bei welcher die Regel gilt, dass der Antwortende den Reim des Herausforderers oder Fragers beibehält. Die streitige Angelegenheit selbst kann in einem persönlichen Zwist oder tadelhaft befundenen Verhalten der Gegner oder aber in discutirbaren Fragen auf dem Gebiete der Erotik, ritterlichen Galanterie, Politik u. s. w. beruhen.

2) Auf Grund des Inhalts findet es zugleich als Special-Bezeichnung für solche Gedichte Verwendung, welche einen persönlichen Streit ausfechten (Tenzone im engeren Sinne).

Der Name Tenzo für das Partimen und die damit verwandten Gedichte basirt auf der Discussion oder dem Raisonnement: vencutz seres de la tenson 8, 1. 165, 5. del vostre conten es vencut 388, 4. totztemps duraria ill tensos 167, 47. trop poiria durar nostra tenso 248, 34. la tenson que razonatz 406, 16. remaignal tensos 366, 10. 226, 1. oimais laissem nostra tensos estar 414, 1. Enric sabra nostra tenson fenir 139, 1. — Häufig erscheint Tenso in den Tornaden, in welchen die Dichter ohne Umschweif ihren Richter ernennen oder erst das Kind ihrer Musse zur Wanderschaft nach einem mächtigen Gönner auffordern und es der Obhut eines Sängers anvertrauen: Nostra tensos an'a la Comtessa 16, 16; an'an Reforsat 233, 5; tenson vai t'en a Tarascon corrent 359, 1; nostra tenson bailem ad Olevier 201, 1; vas sela t'en vai ades mesatge, e digatz li d'esta nostra tencho 239, 1.

20] II. In der weiteren Bedeutung von tenso tritt auch *plag* (plait) auf, ist aber mit Vorliebe für das Partimen gebraucht worden und steht dort in Verbindung mit Verbalformen von partir 155, 24. 201, 5. Da es weniger vorkommt und den Begriff des Liederstreites schlechter ausdrückt, so findet es neben Tenso wenig Berücksichtigung. Zu beachten ist 139, 1 C. 5: De vos qem faitz a diquest plait tenson.

21] III. *Partimen* dagegen, mit welchem Parti(d)a, joc partit zusammenfallen, dient nur als specielle Benennung und wird neben dem generellen Tenso für solche Streitgedichte gebraucht, welche im Eingang eine, gewöhnlich ersonnene, Streitfrage in ihre Bestandteile scheiden und dem Gegner einen ihrer Gegenstände zur Verteidigung gegen den andern überlassen. Daher findet es meist in den ersten Coblen in den Verbindungen prendre, triar, chauzir lo meillor, respondre d'un partimen, metre denan un partimen Verwendung (97, 4; 153, 2; 226, 8; 248, 14; 248, 34 u. f.). Seltener begegnet es in den Tornaden: A Peirafuoc tramet mon partimen 249, 2; d'est partimen nos partira 229, 1; car so qu'ieu dic es mielhs d'esta partida 248, 14; pos la partida avem bastida 424, 1; en c'est partit que ieu li ai trames 359, 1.

22] IV. Die Bezeichnung *Torneyamen*, welche Raynouard, Diez und Bartsch für ein Streitgedicht zwischen mehr als zwei Interlocutoren ansetzen, ist nur als Titel in den Handschriften (Torneyamen d'En G. Faidit e d'En Ugo e d'En Savaric L. R. V, 379) nicht aber aus den Gedichten selbst zu belegen.

## §. 10.

23] Die herkömmliche, aber nichtsdestoweniger missbräuchliche, Verwechselung von Tenso (im engeren Sinne) und Partimen, welche die Leys tadeln, mag sich teils durch die generelle Verwendung des Namens Tenso neben der speciellen, teils durch das Ineinandergreifen beider Dichtarten erklären. Denn einerseits giebt es persönliche Tenzonen, die sich im weiteren Verfolge des Streites kaum von Partimen unterscheiden (§. 56), andererseits geben die Partimen nicht selten in der Hitze des Kampfes die übliche Form einer theoretischen Disputation auf, um in leidenschaftliche persönliche Ausfälle umzuschlagen, oder sind gar gerade mit Rücksicht auf eine peinliche Lebenslage des Herausgeforderten angelegt (§. 66). Unter den Dichtern selbst ging die Verallgemeinerung und Annäherung der ursprünglichen Bedeutung von Tenso an den Ausdruck Partimen so weit, dass man Verbindungen wie partir tenso (194, 18; M. p. 47), metre tenso 248, 11; prendre d'una tenso 194, 18 für das Part. gebrauchte. Andererseits kommen zur Specialisirung auch Ausdrücke wie *tenson partia* (189, 4) und *tenso de partimen* (171, 1) vor. Die ganze Anlage der Definitionen der Leys legt die Vermutung nahe, dass dem Verfasser selbst bei seiner „diffinitios de tenso" die generelle Bedeutung vorschwebte. Diese Vermutung erhebt sich fast zur Gewissheit durch die Besprechung der Richterwahl unter diff. de tenso, obschon uns die erhaltenen Tenzonen im engeren Sinne weder eine Richterwahl überliefern, noch sich überhaupt zu einem Rechtsspruch eignen.

Wir erkennen daher Tenso als Gattungsbezeichnung und unterscheiden: 1) Fingirte Tenzone. — 2) Tenzone im engeren Sinne (persönliche Tenzone). a. mildere, b. satirische, c. partimenartige. — 3) Historische Tenzone. — 4) Partimen. a. zwi-

---

schen zwei Dichtern, b. zwischen drei und mehr Dichtern (Torneyamen).

## Alter des Streitgedichtes.
### §. 11.

24] Die Geschichte des prov. Streitgedichtes lässt sich bis in die ersten Anfänge der prov. Poesie zurückverfolgen. Welche der einzelnen Arten — und vorzüglich kann hier nur von Tenzone im engeren Sinne und Partimen die Rede sein — aber die erstgepflegte gewesen sein mag, lässt sich nach den uns erhaltenen Zeugnissen schwerlich mit Bestimmtheit entscheiden. Als erster Beleg für das hohe Alter des Streitgedichts gilt allgemein eine Stelle in jenem poetischen Selbstlob des ersten Troubadours, Guillem IX; er, der mit scharfsichtigem Auge alle Verhältnisse schnell durchforscht, weiss auch bei einem Liebesspiel die beste Wahl zu treffen: E sim partetz un joc d'amor No sui tan faz No sapcha triar lo meillor d'entrels malvaz. (B. G. 183, 2; Chrest. 29.) Dieser Ausspruch lässt sich genau auf die Anlage der späteren Partimen anwenden und würde also bei poetischer Deutung des joc d'amor schon unter Wilhelm IX. eine feine Ausbildung dieser Art des Streitgedichts bekunden: Eine deutlich hervorspringende Zweigliedrigkeit dilemmatischer Fragen und Ueberlassung der Wahl, worauf partir, triar u. malvaz hindeuten. Wie aber wäre das Vorkommen einer, auf der höchsten Stufe ihrer Kunstmässigkeit stehenden, Dichtungsart erklärlich zu einer Zeit, wo die prov. Poesie ihre Keime erst entfaltete? Dass hier unter joc d'amor nicht etwa die auch in späteren Partimen behandelten, verschiedenen, Formen des sinnlichen Liebesaustausches oder irgendwelche sinnliche Spiele, sondern Verhandlungen von Streitfragen auf dem Gebiete der Erotik zu verstehen sind, erscheint ziemlich gewiss, aber es bleibt doch fraglich, ob diese in poetischer oder nur prosaischer Gestalt vor sich gingen. Denn, dass man sich in den höheren Kreisen der prov. Gesellschaft seit der Ausprägung des Rittergeistes über Fragen der Liebe und ritterlichen Galanterie unterhielt, ist unzweifelhaft und Wilhelm IX., der geschätzte Förderer edler Unterhaltung, könnte sehr wohl an solchen Erörterungen Teil genommen haben.

25] Nach späteren Andeutungen hat man gleich der Schuldiscussion im Mittelalter ein Spiel wie das Partimen in Prosa gepflegt. In den alten Biographien heisst es, wiewohl irrtümlich (L. u. W. 436. A. 2), unter Maria v. Ventadorn (M. II.

p. 58 und Arch. 50, 256) zur Erläuterung des Partimen 295, 1:
„Eines Tags unterhielt sich der Graf von La Marche mit ihr und sie
hatten einen Streit unter sich, denn der Graf behauptete, dass jeder
treue Liebhaber, welcher in Gunst und zum Ritter und Freund genommen sei, gleiche Berechtigungen mit seiner Dame habe und Dompna
Maria bestritt die Meinung des Grafen." . . . . Darauf habe sie
die Streitfrage mit dem sangesüberdrüssigen Gui d'Uisel, der
sich grade an ihrem Hofe befunden, verhandelt um ihn wieder
zu erheitern. Ausdrückliche Beweise, dass man solche Fragen
zum Gegenstand prosaischer Unterhaltungen machte, finden sich
zahlreich; so auch lassen die Worte des „Ensenhamen de la donzela" von Amanieu des Escas keine andere Deutung zu:

> E si voletz bastir Solatz de jocx partitz
> Nols fassatz descauzitz Mas plazens e cortes . . . . .
> E si fort vos enueja Son solatz eus fa nueja
> Demandatz li novelas: Cals donas son plus belas
> O Gascas o Englezas Ni cals son pus cortezas
> Pus lials ni pus bonas? (Chrest. 329, 31 u. 331, 16).

Im Folgenden wird dann die Angelegenheit noch näher erklärt
und die Unterweisung im Verhalten gegeben. Eine Beziehung
obiger Stelle (183, 2) auf solche höfische Unterhaltungen in Prosa
ist daher wohl möglich, andernfalls aber hätte das Partimen
bezüglich der Priorität gegenüber der persönlichen Tenzone den
Vorrang.

26] Partimen, in welchen Wilhelm IX. selbst als Interlocutor fungirt hätte, sind uns nicht überliefert. Das in B. G.
183, 9 unter seinem Namen, aber auch Gui d'Uisel 16, ver-
zeichnete Partimen N Ebles aram digatz (resp. pos endeptatz)
ist endgültig von Suchier (Troub. Marcabrun, Jbb. XIV, 119)
auf Grund der handschriftlichen Attribution als von Gui d'Uisel
und Eble d'Uisel nachgewiesen. Die Ueberschrift „La tenzon
de NEbles e de son senhor lo cons Peitavins" rührt vom Grafen
Galvani her.

## §. 12.

27] Zunächst würde dann ein dem zeitgenössischen Troub.
Cercalmon zugeschriebenes Streitgedicht 112, 1 in Betracht kommen, welches wegen der eigentümlichen Verteilung des Dialogs
eine besondere Stellung in der Tenzonen-Litteratur einnimmt.
Es ist nur in einer Hs. (R.) erhalten und besteht aus sechs
neunzeiligen Strophen mit dem Reimschema á b á b b á b á b.
Die Silbenzahl der Verse wechselt in den einzelnen Strophen,
doch kann als ursprüngliches Versmaass der 7-Silbner gelten.
s. Römer, volkst. Dicht. p. 58. Die Reimsilben sind Str. 1:

a $=$ ia, b $=$ ort; Str. 2 u. 3: a $=$ alha, b $=$ e; also nur von dem ersten Interlocutor (Maistre) werden nach Gesetz des Streitgedichts die Reimsilben des Gegners wieder aufgenommen. In den letzten drei Coblas fliesst die Wechselrede in rascherer Folge, so dass in jeder die beiden Streitenden zweimal ihre Meinung darlegen und zwar so, dass die Verse 1, 2, 5, 6, 7 dem Guillalmi, 3, 4, 8, 9 dagegen dem Maistre zufallen. Eine solche Verteilung der Wechselrede findet sich in keiner andern Tenzone. Die Reimsilben der drei letzten Strophen sind: $a_4 =$ ansa, $b_4 =$ etz; $a_5 =$ atge, $b_5 =$ ier; $a_6 =$ osta, $b_6 =$ el.

28] Wir haben es hier mit einer persönlichen Tenzone zu thun, welche als Verfasser Maistre und Guillalmi aufweist. Sie hebt mit einer Lebensschilderung des Maistre an, der in seiner Dürftigkeit keine Unterstützung bei der Geistlichkeit findet und nur Trost schöpft wie der Schwan, der in seiner Todesahnung noch einmal volltönend seinen Gesang anstimmt. Jedenfalls sind diese Worte auf eine Schenkung seines Gastgebers (Str. 6) Guillalmi berechnet. Dieser vertröstet ihn jedoch auf die gabenbringende Ankunft des Grafen von Poitou, obgleich Maistre eine Wachtel in der Hand einem Huhn in Anderer Verschluss vorziehen würde. Klage und scherzhafte Tröstung bildet auch den Inhalt der folgenden Strophen. Der Cobla 2 erwähnte Coms de Peitieus ist nach Mahn (Troub. Cercalmon. Jhb. I, 83) kein anderer als unser alte Troub. Wilhelm IX., eine Ansicht, die jedoch nur in der handschriftlichen Ueberlieferung wurzelt, dass Cercalmon der eine Interlocutor (Maistre) sei.

29] Allein gegen Cercalmons Autorschaft machen sich neben allerdings nicht ganz feststehenden formellen Gründen (neunzeil. Str., schwere und weibliche Reime) bemerkenswerte inhaltliche Bedenken geltend. Dass die Tenzone seinen eigentlichen Namen nicht nennt, ist natürlich kein zwingender Grund sie Cercalmon abzusprechen, da auch die Verfasser anderer Streitgedichte zuweilen in ihren Anreden nur Titel oder Berufsnamen, oder das gegenseitige familiäre und gesellschaftliche Verhältniss angeben (165, 1; 198, 1; 279, 1; 292, 1; 461, 16). Der Name Guillalmi erinnert aber an Guillalmet (198, 1), welcher einen viercobligen Liederwechsel mit Prior hatte (M. G. 533). Guillalmet macht dem Prior einen Vorwurf wegen Vernachlässigung gottesdienstlicher Pflichten; er habe durch seine Lässigkeit einen Heiligen schon so lange kümmerlich und kleidlos stehen lassen. Der Prior stimmt darauf sein Klagelied über die Hartherzigkeit der Welt an, deren Gaben nicht

hinreichten um sich und den Heiligen zu kleiden. Den iro-
nischen Vorschlag seines Gegners, er möge dem Heiligen bis
zu besseren Zeiten leihen, weist er mit dem Bemerken zurück,
dass er sich schon zwei Jahre vergebens um sein Wohlergehen
bemüht habe. Der wiederholte Bezug auf den Geiz der Geistlichen, die Armut des Maistre und scherzhafte Tröstung Guillalmi's stimmen so sehr mit den Schicksalen des Heiligen und
Priors überein, dass die Vermutung nahe liegt, jener Guillalmi
in 112, 1 sei identisch mit Guillalmet in 198, 1 und Maistre
ebenso mit Prior. Der Str. 2 erwähnte Coms de Peitieus wäre
alsdann auf einen späteren Grafen von Poitou (wahrscheinlich
Richard Löwenherz, Römer p. 58) zu deuten.

30] Ist unser Maistre derselbe, welcher den heftigen Wortwechsel mit Fraire Berta führt (292, 1), so scheint seine Lage
später besser geworden oder sein Lamentiren unbegründet gewesen zu sein. Denn dieser Maistre konnte Berta als Gast
während einer Krankheit oder im Alter bei sich aufnehmen.
Seine Hoffnung, sich durch den Tod Berta's bereichern zu
können, bleibt jedoch durch die Erholung desselben unerfüllt.
Es steht der Annahme kein Hinderniss entgegen, dass Maistre
zunächst fahrender Cleriker war, der, bei den habsüchtigen
geistlichen Höfen seiner Zeit keinen Unterhalt findend, seinem
Elend auch ein Mal in der Nationalsprache Ausdruck gab und
später zur Würde eines Priors emporstieg. Wie Maistre, so
erwarten auch die Vaganten speciell Hülfe von der Geistlichkeit: „Wohin soll ich mich wenden, wenn nicht an den Clerus" ruft ein solcher auch in einem lat. Gedichte aus. (O. Hubatsch, lat. Vagantenlieder des M. A. p. 22). Jedenfalls also
ist Cercalmon's Verfasserschaft sehr in Frage gestellt.

## §. 13.

31] Mit grösserer Sicherheit ist demnach als ältestes der
überlieferten Streitgedichte das zwischen Uc Catola und Marcabrun (451, 1) anzusetzen, denn letzterer gehört nach P. Meyers
Untersuchungen wahrscheinlich noch ganz der ersten Hälfte des
12. Jahrh. an. (Romania VI, 119—129.) Hier reden sich die
Verfasser Cobla um Cobla mit wirklichem Namen an. Es hat
noch eine primitivere, der gewöhnlichen Form eines Gespräches
näher stehende, Anlage wie die späteren Streitgedichte, indem
sich der Streit erst allmählich entwickelt. Uc Catola spricht
den Wunsch aus in der Stunde des Scheidens noch einen „Lie-
bes-Vers" mit Marcabrun zu machen, denn er liebt von Herzen.
Marcabrun dagegen beklagt sich, wie in vielen seiner Dichtungen, auch hier über den Trug der Liebe und damit war

erst das Thema des Disputes bestimmt, indem Uc Catola die Liebe gegen diesen Vorwurf eifrig in Schutz nimmt Sind die einleitenden Worte gerade mit Rücksicht auf Marcabrun's Schmähschriften gegen die Liebe gewählt, so würde diese Tenzone als mildere persönliche zu verzeichnen sein; andererseits aber gehört sie, abgesehen von der eigentümlichen Art der Einleitung, mit gleichem Rechte dem Partimen zu, indem der weitere Verlauf der Discussion, frei von Ironie und persönlichen Scheltreden, nach Art der Partimen über Trug und Treue der Liebe handelt.

32] Von Uc Catola ist uns noch in Da. ein zweistrophisches Gedicht überliefert, in welchem 'amics' und 'amiga' als redende Personen auftreten (451, 2). Letztere fragt den Geliebten ausdrücklich nach dem Grund zur Aenderung seines Benehmens, ob er sie verschmähe einer andern zu Gefallen oder aus reiner Erkaltung gegen sie. Der Freund antwortet, er habe sich von ihr getrennt um dem üblen Ende zu entgehen. Bartsch hat dieses Gedicht nicht als Tenzone verzeichnet. Ist es tatsächlich das Werk eines Verfassers, so besitzen wir in ihm das früheste Beispiel einer Canzone in der Form des unvermittelten, strophenweisen Dialogs, welche der Dichter hier zur anschaulicheren Darstellung des Liebeszwistes und zur Rechtfertigung des Widerspruches zwischen seinem früheren und jetzigen Verhalten benutzt hätte.

33] Das etwas später entstandene Zwiegespräch zwischen Beatrix v. Dia und Raimbaut III. v. Orange († 1173) 46, 3, welches dasselbe Motiv behandelt und sich nur durch grössere Coblenzahl von jenem unterscheidet, wird von Bartsch als Tenzone, von Diez als Canzone angesehen. Bei beiden Gedichten aber ist kein Grund vorhanden, von der Annahme zweier Verfasser abzugehen, um so weniger, als sie von mehreren späteren Gedichten, für welche die Gesprächform gewählt ist, bedeutend abweichen (87, 1; 372, 4; 409, 3). Während in diesen der Dichter zur Vermeidung der Monotonie des gewöhnlichen Minneliedes zum Dialog greift und im Uebrigen nur eine Lobpreisung seiner Dame bezweckt, zeigt sich in obigen Gedichten (46, 3 u. 451, 2) ein wirklicher Contrast, welcher die Damen als Trägerinnen der Leiden um die Untreue oder Gleichgültigkeit des Geliebten hinstellt. (s. §.§. 28 und 47.) Da ein solcher Triumph von Seiten des geliebten Dichters aber gegen Brauch und Schicklichkeit der Romantik verstossen hätte, so scheinen diese Lieder, wenn sie wirklich von nur einem Verfasser stammen, eher den unglücklich liebenden Damen zu gehören.

## §. 14.

34] Zu den ältesten Streitgedichten mögen ferner diejenigen zu rechnen sein, in welchen Bernart v. Ventadorn als
Mitredner auftritt. Da sie keine historischen Anhaltspunkte
oder auch nur Verstecknamen enthalten — Bischoff hat sie
in der Biogr. nicht berücksichtigt — so müssen wir sie nach
ihrer Gemütsstimmung einer der verschiedenen Lebensphasen
des Dichters anpassen. Mit ziemlicher Sicherheit stammt
jedoch aus dem dritten Viertel des 12. Jahrh. dasjenige, in
welchem er von Lemozi, offenbar demselben, welchem Peire
v. Auvergne in seinem etwa 1180 entstandenen Rügeliede
Str. 5 als elendem Jongleur ein Denkmal setzte und Bernart
selbst eins seiner Lieder widmete, wegen seines Liebeskum-
mers und daraus folgenden Verstummens seines Gesanges an-
gegriffen wird. Bernart wird von Lemozi aufgesucht; das
letzterem zugeeignete Lied stammt nach Diez aus der Zeit von
Bernart's Aufenthalt bei dem Gönnerfürsten Raimund V. von
Toulouse (L. u. W. p. 30), doch ist daraus nicht zu folgern,
dass die Zusammenkunft in dieselbe Zeit fällt. Bernart's Entgegnung, er sei von seiner Geliebten verschmäht worden, würde
am besten auf seine Trennung von Azalais v. Montpellier,
Gattin des Vizgrafen Ebles III. passen. Seine Verteidigung
gegen Peire v. Auvergne über einen ähnlichen Gegenstand
(323, 4) — C. 1 erinnert an 'Lo rossinhol s'esbaudeia' — bekundet eine Zerknirschung, die auf einen völligen Bruch mit der
Liebe schliessen lässt. Er freut sich die thörichten Liebes-
fesseln abgestreift zu haben und spricht den naiven Wunsch
aus, dass der Lauf der Welt verkehrt würde; alsdann sollten
die Damen um die Geliebten werben und ihre jetzige Hart-
näckigkeit schwer büssen. Mögen nun die Lieder in die Zeit
der ersten oder zweiten Katastrophe zu Ventadorn fallen —
mit grosser Wahrscheinlichkeit sind sie noch in den Jahren
1150 — 1160 verfasst. Eine mehr heitere Lebensauffassung
spricht sich dagegen in seinem Liederwechsel mit Peirol aus
(70, 32); wahrscheinlich war der Anlass dazu die anfangs er-
folglose Liebesmüh Peirol's um Assalide, Schwester des Delphins v. Alvergne (L. u. W. p. 252); vgl. C. 2. V. 5 — 8 mit
70, 15.

## §. 15.

35] Aus der Mitte des 12. Jahrh., sicherlich dem dritten
Viertel desselben, stammt das erste vollständig ausgebildete
Partimen, zwischen Guillem Augier und Guillem (205, 4), denn
Augier nennt als Zeitgenossen König Roger Friedrich 1151 —

1155 (L. u. W. p. 484). Die Streitfrage dreht sich um den
Vorzug von Reichtum und Wissenschaft. Der nicht näher
bestimmbare Sänger Guillem wählt die letztere. Wie aus seinen
Coblen hervorgeht muss er im Besitze der damaligen Kloster-
schul-Bildung gestanden haben, denn unter seinen Argumenten
glänzen die gangbarsten Daten der heil. Schrift und alten
Geschichte. Am Schluss der Discussion wird Romeus mit dem
Schiedsrichteramt beehrt. Dieser ist wahrscheinlich identisch
mit Romieu aus Viana, welchen auch Bernart v. Ventadorn
zum Freund und Vertrauten hatte (70, 32). Wir sind daher
nicht genötigt, die Beteiligung des Joglar Augier (von 1229
ab historisch) anzunehmen.

36] Ein anderes, schon früher erwähntes, Partimen (205, 1)
wird auf Grund formeller Uebereinstimmungen mit 42, 3 und
229, 2 nicht dem alten Trobador Guillem Augier und Bertram
d'Alamano, die zeitlich zu weit entfernt liegen, sondern Augier
Figueira und Bertram d'Aurel zugesprochen. (Suchier, Jhb.
XIV, 119). Zu einem gleichen Resultat kommt auf Grund
historischer Forschung und Aneignung einer Vermutung P.
Meyers (Rom. X, 263), dass der Joglar Augier (= Augier No-
vella) und Auzer Fig. identisch seien, O. Schultz, Zs. IX, 120,
Anm. 1. Früher als obiges Partimen (205, 4) sind demnach mit
einiger Sicherheit nur die beiden Gedichte anzusetzen, in denen
Uc Catola als Interlocutor fungirt. Erst im letzten Viertel
des 12. Jahrh. entwickelt sich recht eigentlich die Blüte der
Tenzonen-Litteratur. Um diese Zeit tritt auch zuerst das persönlich-satirische und historische Streitgedicht auf. Erst gegen
das letzte Decennium des 12. Jahrh. erscheint die fingirte Tenzone mit dem ihr eigentümlichen Charakter des Sirventes oder
des Gelegenheitsgedichtes in den Dichtungen Peirol's, des
Mönchs v. Montaudon, und Raimbaut's de Vaqueiras (s. §. 31 ff.).

## §. 16.

37] Unter dem eifrigen Bemühen des productiven G. Riquier, die an den Wunden der Albigenserkriege erkrankte
Poesie zu frischem Leben zu erwecken, nahm auch die hinwel-
kende Tenzonendichtung einen neuen Aufschwung. In zwei-
undzwanzig Streitgedichten, meist Partimen und Torneyamen,
wirkte er selbst als Interlocutor mit. Im Verein mit seinem
Kampfgenossen Guillem de Mur versuchte er sogar eine Wei-
terbildung, indem er vier Unterredner beteiligte; gleichwol
macht dieser Neuerungsversuch schon einen kümmerlichen
Eindruck.

38] In der letzten Periode der prov. Poesie wurde fast

nur noch die fingirte Tenzone in der Art der Estrifs cultivirt. Noch zu Ende dieser Periode (1468) erhielt Peire de la Roqua den Preis der Aiglentina für ein Kampfgespräch zwischen Krieg und Frieden. (Bartsch Grundr. p. 81).

39] Die unzuverlässigen Ueberschriften der Hss., die oft nur den Vornamen der Verfasser, oder selbst nur den Anfangsbuchstaben desselben, angeben und der Mangel an individuellen Zügen und Anspielungen auf historische Begebenheiten erschweren die Bestimmung der Dichter und Datirung ihrer Werke. Wahrscheinlich sind uns nicht alle Streitgedichte aus dem Anfang der prov. Poesie überliefert, denn die wenigen, aus jener Zeit erhaltenen, konnten kaum Guiraut v. Cabreira in seinem Ensenhamen an den Spielmann Cabra zu der vorwurfsvollen Aeusserung bewegen: „Bons estribotz Non t'eis pels potz Retroencha ni contenson" (Chrest. 85). Das Ensenhamen ist nach der Datirung von Milá y Fontanals (De los trovadores en Espana p. 265) etwa um 1170 entstanden. Das gegen 1200 nach dem Muster des vorigen abgefasste Lehrgedicht des Guiraut v. Calanson gedenkt bei poetischer Auffassung des „joc" schon specieller des Partimen, indem von dem Spielmann Fadet das „ben parlar e jocx partir" verlangt wird. (M. G. No. 111 u. Dkm. 94).

40] Römer scheint nach seiner Andeutung (p. 65) die satirische Tenzone für die älteste zu halten. Ich möchte in den Tenzonen des Bernart v. Ventadorn die ältesten Muster erkennen. Diese Tenzonenart war bei einer persönlichen Feindschaft leicht zu Uebergängen in die satirische Tenzone (d. h. sie lieh der Satire die Form), bei einer theoretischen Streitfrage zu Uebergängen in das Partimen, geeignet. Letzteres erreichte wahrscheinlich erst seinen Höhepunkt als sich das dialektische Element schon mehr in der übrigen prov. Lyrik geltend gemacht hatte.

**Verhältniss des prov. Streitgedichtes zu ähnlichen Dichtungen anderer Litteraturen.**

**§. 17.**

41] Die knappen Bemerkungen, welche die prov. Litteratur über ihre Kindheit in der Form der Selbstbetrachtung hinterlassen hat, geben uns keine Winke über den Ursprung ihrer einzelnen Dichtgattungen an die Hand. Für die Entstehungsfrage des Streitgedichtes kommen hauptsächlich die Partimen und die damit verwandten Gedichte in Betracht,

denn die persönlich-satirische Tenzone ist erst späteren Vor-
kommens und zweifellos unter dem Einfluss des persönlichen
Rügeliedes entstanden, welches seinerseits wieder in der Neigung der Zeit zur Kritik und der damit verwandten Satire
begründet ist.

42] Zuerst hat unser Altmeister Diez die Frage über den
Ursprung des Streitgedichtes, speciell des Partimen, berührt:
Er hält es für ein Product des dialectischen Geistes jener
ganzen Zeit. Hierin liegen allerdings die Grundbedingungen
für die Existenz unserer Dichtgattung überhaupt; fraglich
bleibt aber, ob nicht andere Litteraturen eine ähnliche Dichtung früher ausbildeten und auf die poetische Gestaltung der
Streitfragen bei den Provenzalen hinwirkten. Der dialectische
Geist kam in der That ja nicht nur in der provenzalischen,
sondern auch in anderen, früheren und gleichzeitigen, Litteraturen durch eine besondere Liedergattung zur Geltung, wenn
auch sowohl hinsichtlich des Stoffes als der Form in ganz verschiedener Weise: Die *Conflictus* der älteren christlich-latein.
Poesie, ebenso die arabisch-persischen *Munâzarât*, unterbreiten
z. B. ernste, erhabene Gegenstände ihrer Betrachtung; die
Darstellung hatte bei diesen tieferen Gehalt und eine vorwiegend lehrhafte Färbung. Die *Altercationes* der Vagantenpoesie nähern sich in der Wahl der Themata schon mehr dem
prov. Partimen, doch hatten sie wesentlich eine didactische,
moralische oder satirische Tendenz und die Behandlung verrät
überall die gelehrtere Bildung des fahrenden Klerikers. Die
prov. Kunstlyrik dagegen, welche als Organ des verfeinerten
Rittergeistes weder erhaben noch gelehrt sein wollte und ursprünglich nur der Tendenz der Unterhaltung huldigte, hat
hauptsächlich der Richtung des höfischen Lebens jener Zeit
ihre Streitfragen entnommen: der Liebe und ritterlichen Galanterie. Demgemäss waren auch die Argumente, abgesehen
von einigen autoritativen Beispielen aus der hl. Schrift, dem
Altertum etc., den geläufigen Anschauungen der Zeit ent-
sprungen.

43] Dem Hang zur höfischen Unterhaltung und der Lebhaftigkeit des prov. Dichtergeistes verdankt das Partimen seine
thatsächliche Verhandlung in dramatischer Wechselrede zwischen
zwei Dichtern, während die Conflictus, Altercationes etc. der
übrigen Poesien nur einen Verfasser zählen, der teils in epischer, teils mehr dramatischer Form die Streitsache zwischen
zwei erdichteten Personen oder personificirten Gegenständen
vorführt. Wie eigentümlich das Gepräge der betreffenden

Dichtungen in den einzelnen Litteraturen sein mag, oder welchen Anteil andere Länder, besonders der Orient durch Vermittelung der maurischen Herrschaft in Spanien, an der ersten Ausbildung der Dialektik im Occident haben könnte, kommt hier nicht in Erwägung; es bleibt nur zu untersuchen, ob vielleicht eine andere Litteratur auf die poetische, gleichwol von den Provenzalen ganz originell gestaltete, Verhandlung der Streitfragen einen bestimmenden Einfluss gehabt hat. Im Folgenden soll der etwaige Wert der Berührungspunkte des prov. Wettstreites mit dem der anderen Litteraturen für eine Ableitungstheorie des ersteren abgeschätzt werden; eine Bemerkung Brakelmann's aber, in seinem missratenen Plaidoyer für die Priorität der nordfrz. Pastourelle (Jhb. IX, 155 ff.), und eine Andeutung Römers (volkst. Dicht. p. 65), veranlasst mich auch kurz auf diese frühere Gattung der prov. Lyrik einzugehen.

## §. 18.

44] Konnte etwa die Form der Pastorela für die partimenartigen Gedichte massgebend sein? Sie knüpft, indem sie den Dichter redend anführt, an irgend ein episches Moment an und giebt erst darauf das Liebesgespräch zwischen Dichter und Schäferin in dramatischer Form, nicht selten mit überleitender Erzählung des Dichters. Die Pastorela gehört also zur erzählenden Poesie, während die Tenzone ursprünglich dramatisch ist. Zwar haben die Anlage der Pastorela mehrere der fingirten Tenzonen, in welchen der Dichter bald einen Conflict seinerselbst mit einem unkörperlichen oder unbeseelten Wesen, bald zweier Wesen unter sich darstellt. Auch bei diesen geht eine, über die Situation aufklärende, Vorbemerkung des Dichters voraus. Die fing. Tenzonen sind jedoch nicht als die ursprünglichen, nicht etwa als eine Uebergangsstufe zwischen Past. und eigentlichem Streitgedicht aufzufassen, sondern als eine spätere Schöpfung, indem die eigentümliche Darstellungsweise, welche die Mitte zwischen beiden Dichtgattungen hält, benutzt wurde, um Ideen einer ganz andern Welt zum Ausdruck zu bringen. Meistens erscheint der fingirte Wettkampf als politisches und moralisches Sirventes.

45] Auch inhaltlich fehlt der „tenzonenartige Charakter" den uns überlieferten Pastorellen, welche, wie neuerdings auch Römer richtig hervorhob, die ursprüngliche Volksmässigkeit bereits eingebüsst hatten. (Volkstüml. Dichtungsarten d. altprov. Lyrik p. 22). Diejenigen, welche die Ursprünglichkeit am meisten bewahrt haben, zeigen die Annäherung an das Partimen am wenigsten. Der in ihnen vorgeführte Streit trägt einen von dem Partimen doch wesentlich verschiedenen Charakter. Während hier die beiden Dichter im Wettstreit Gründe und Gegengründe zur Verfechtung ihrer erkorenen Sätze beibringen, sich also in einem bestimmten Falle zu überzeugen suchen, bezweckt die Rede von Dichter und Schäferin in der Pastorelle eine gegenseitige Wirkung auf den Willen. Dieser Zug macht gerade die Pastorelle geeigneter zur dramatischen Fortbildung, welche in Nordfrankreich thatsächlich schon früh (Adam de la Halle) vorkommt. Am engsten tritt das historische Streitgedicht mit dem Sirventes im Gewande der Pastorelle in Beziehung. Solche Pastorellen, welche nur wegen ihrer Einkleidung Anspruch auf diesen Namen machen können, sich im Uebrigen aber betrachtend über Zeitfragen und moralische Zustände verhalten, sind schon unter Marcabrun (29) vorhanden, Streitgedichte ähnlichen Inhalts in der freieren Form des gewöhnlichen Gesprächs datiren aber aus späterer Zeit. Eine Berührung beider Dichtgattungen fand demnach nur in den Ausläufern statt. Was überhaupt jeden Gedanken an die Möglichkeit eines bestimmenden Einflusses der Part. auf die partimenartigen Gedichte ausschliesst, ist der Umstand, dass der Pastorelle der Charakterzug eines Wettgesanges in irgend welcher Form mangelt. Insofern aber, als das Partimen als eine eigenartige Form des Wettgesanges gelten kann, erinnert es an Stoffe des klassischen Altertums.

## §. 19.

46] Das *Certamen* Virgils. Von Virgils zehn Idyllen — sein Vorbild Theokrit kommt natürlich für die prov. Poesie nicht in Betracht — sind für uns besonders die siebente und dritte von Interesse. (Ed. Ribbeck, Vergili Mar. Buc. etc. p. 37 ff. 13 ff.). In diesen findet vor einem Schiedsrichter eine wirkliche Herausforderung zum Wettkampf statt, bei dem es dem zweiten Hirten obliegt, das vom ersten Gesungene in Strophen gleicher Länge vollkommener darzustellen, während in den übrigen Idyllen entweder nur eine Person fungirt oder bald eine zwanglose Unterhaltung, bald ein liederartiger freier Wechselgesang zu beobachten ist.

47] In der siebenten Idylle stellt sich Meliboeus als erzählende Person ein, wie die sangesreichen und — gleichen Hirten Korydon und Thyrsis in einen Streit gerieten und dann vor dem Schiedsrichter Daphnis zum ernsten Werke des Wettgesanges fortschritten. Nach zwölfmaligem Wechselgesange, der in vierzeiligen Strophen aus Meliboeus Munde mitgeteilt wird, endet der Kampf mit dem Siege des Korydon.

48] In der dritten Idylle ist dagegen die Darsellung des Certamen, wie im prov. Streitgedicht, ganz dramatisch, indem die erzählende Einleitung und überleitende Zwischenrede fehlt. Hier kommen die beiden erdichteten Hirten Menalkas und Damoetas, von ländlichen Neckereien voll kernhaften Naturwitzes ausgehend, schliesslich zur Aufforderung sich im Wettgesange zu messen. Nachdem beiderseits die Belohnungen für den event. Sieger bestimmt und der befreundete Palaemon zum Richter ernannt ist, beginnt der Gesang des Damoetas. Die schwierigste Rolle wird Menalkas, dessen Stichelreden den Wettkampf veranlassten, vom Richter überwiesen. Er ist als Antwortender gezwungen, seines Gegners willkürliche und vielleicht vorher erfundene Lieder noch durch Stegreifgesänge ähnlichen Inhalts zu übertreffen, wenn ihm der Sieg zufallen soll. Nachdem vierundzwanzig zweizeilige Strophen gewechselt, schliesst das Gedicht mit dem Ausspruch Palaemon's, der den schweren Kampf nicht zu entscheiden wagt. Der Inhalt, welcher unter ländlichen Farben die Ereignisse der Zeit schildert, kommt hier weniger in Anschlag wie die ganze Einrichtung der Gedichte.

49] Erwähnt sei noch, dass wirkliche poetische Wettkämpfe im Sinne der alten Certamina nach jener Anecdote in Arnaut Daniel's Biographie (M. p. 37) auch bei den Provenzalen bekannt waren. Die beiden Wettkämpfer, Arnaut und ein anderer Joglar, der sich noch besser auf die dunkle Manier des Dichtens verstehen wollte, mussten gegenseitig ihr Ross als Pfand stellen. Jeder sollte das Lied, dessen Gegenstand bestimmt war, unbekümmert um seinen Mitstreiter dichten und Richard Löwenherz urteilen, wer den Sieg errungen. Doch nimmt die Angelegenheit eine heitere Wendung, indem sich Arnaut trotz seiner Abgeschlossenheit durch ein Plagiat an seines Gegners Canzone geschickt aus der Verlegenheit zu ziehen wusste. (L. u. W. p. 285). Die späteren Wettkämpfe des toulousanischen Dichterkreises unterscheiden sich durch die Stellung der Preise und sind in dieser Hinsicht eher dem modernen Preis-Singen und -Dichten, in ihren übrigen Einrichtungen den deutschen Meistersängerschulen ähnlich. (Bartsch, Grdr. p. 75).

50] Vergleichen wir die antiken Wettgesänge aber mit den provenzalischen in Form des Partimen, so zeigen sich neben merklichen Uebereinstimmungen doch wesentliche Unterschiede. Während dort die beiden Hirtensänger unbekümmert um einander denselben oder jeder einen besonderen Gegenstand wetteifernd besingen oder feiern, treten die prov. Dichter durch die Verhandlung in feindliche Beziehung, indem es gilt, die aus einer Controversfrage erkorenen Gegenstände mit Gründen und Widerlegungen gegen einander zu verfechten. Sollten aber den provenzalischen Dichtern wohl überhaupt Virgil's Werke bekannt gewesen sein? Diez schreibt ihnen nur eine geringe Kenntniss des klassischen Altertums zu: „Virgil erscheint mehr im Lichte zauberhafter Weisheit." Das häufige Auftreten seines Namens und vielfache Reminiscenzen an Stellen seiner Schriften und anderer lat. Autoren (bes. Ovid) sprechen allerdings etwas gegen Diez' Ansicht, aber selbst nur eine leidliche Kenntniss zugegeben, wird man den Provenzalen vielleicht eine engere Bekanntschaft mit den auf das Certamen sich gründenden und im ganzen Occident verbreiteten, späteren lat. Streitgedichte zuerkennen dürfen.

## §. 20.

51] Das älteste derselben ist der früher dem Beda venerabilis oder Milo zugeschriebene, auf mythischem Grunde beruhende *„conflictus veris et hiemis"* (gedr. Alex. Riese: Anthologia latina II, 687). Wahrscheinlich aber ist das Gedicht ein Product aus Karl's des Grossen Zeit und dem Schosse des Alcuin'schen Dichterkreises — vielleicht ein Werk seines Schülers Dodo — entsprossen (Ad. Ebert, Allgem. Gesch. d. Litt. d. M. A. im Abendlande II, 67). Die ersten neun Verse unseres Gedichtes bilden die erzählende Einleitung. Im Frühling versammeln sich die Hirten unter schattigen Bäumen um zum Lobe des Kukuks ein Lied zu singen, unter ihnen auch der jugendliche Daphnis und ältere Palaemon. (cf. Idylle 3. Virgils). Der eisbärtige, struppige Winter und der blumengeschmückte Frühling fangen jedoch einen grossen Streit über das Kukukslied an, der in dramatischer Wechselrede von dreizeiligen Strophen — abgesehen. von der zweimaligen kurzen Verknüpfung durch Erzählung in VV. 13 u. 43 — verläuft. In hartem Wortgefecht ringen die Personificationen Ver und Hiems um die Superiorität, Leid und Lust, Mühe und Musse gegen einander abwägend. Den Lobpreisungen des Frühlings gegenüber, der den allbelebenden Einzug des Kukuks, des Blumen- und Früchteerzeugers herbeisehnt, führt der Winter dessen Plagen und seine Freuden ins Treffen: Der Kukuk ist der Bringer der Arbeit, der Störer meiner behaglichen Ruhe am warmen Herd und der fröhlichen Gelage. Auch über den Einwurf des Frühlings, dass er nur die von ihm und dem Sommer gehäuften Schätze verzehre, setzt sich der Trotzige mit

Hohn hinweg bis ihm durch Palaemons Rechtsspruch Schweigen auferlegt wird. Sollte nicht auch in diesem Gedicht, wie in andern gleichzeitigen lat. Producten, eine ernste Anspielung auf historische Ereignisse der Zeit versteckt liegen? Wahrscheinlich diente dem Dichter der rauhe Winter als Sinnbild für die stürmische kriegerische Vergangenheit, der Frühling mit seinen Keimen für den Einzug des Friedens nach Beendigung der Sachsenunruhen und die grossen Hoffnungen, welche man von der Wiederherstellung des Weltreiches im Abendlande hegte.

52] Analog dem Certamen Virgils ist des Dichters endlicher Zweck die Verherrlichung seines Gegenstandes, des Kukuks als Frühlingsboten, ein Motiv, welches auch in den mittelalterlichen Nationalliteraturen Anklang fand und noch heute, vielfach variirend, in Volksliedern fortlebt. Wie eng sich aber auch dieses Gedicht in den Grundgedanken an sein antikes Vorbild anlehnt — darin, dass der Dichter seine Absicht nicht durch eine wetteifernde Erhebung verwirklicht, sondern den Sieg des Frühlings in einem Conflict mit seinem Widersacher erreicht, zeigt es auch grosse Originalität gegenüber dem Virgil'schen Certamen. Dieses Streitgedicht steht demnach wegen des inneren Zwistes und des schroffen gegenseitigen Angriffes, der den Titel „Conflictus" statt des in Vs. 8 stehenden Certamen berechtigt, in enger Verwandschaft mit dem Partimen. Vgl. z. B. VV. 22 ff.:

Ver: Quid tu, tarda Hiems, cuculo convitia cantas?
    Qui tempore gravi tenebrosis tectus in antris
    Post epulas veheris, post stulti pocula Bachi.

Hiems: Sunt mihi divitiae, sunt et convivia laeta,
    Est requies dulcis, calidus est ignis in aede
    Haec cuculus nescit, sed perfidus ille laborat

Ver VV. 34: Quis tibi, tarda Hiems, semper dormire parata
    Divitias cumulat gazas vel congregat ullas
    Si ver vel aestas ante tibi nulla laborant?

Hiems: Vera refers: illi, quoniam mihi multa laborant,
    Sunt etiam servi nostra dicione subacti,
    Jam mihi servantes domino, quaecumque laborant.

Das Partimen unterscheidet sich nur durch den nationaleren Inhalt und die Ersetzung der mehr objectiven Darstellungsweise zwischen erdichteten Streitern durch die subjectivere Verhandlung zwischen zwei Dichtern selbst.

## §. 21.

53] Der Conflictus veris et hiemis war wahrscheinlich die Quelle der zahlreichen späteren lat. Streitgedichte. Zum Teil gehören sie der lat. geistlichen Lyrik, meistens aber der Vagantenpoesie an. Zu den ältesten zählt jedenfalls auch der in allen abendländischen Litteraturen des Mittelalters beliebte *„dialogus inter corpus et animam"* (gedr. Wright p. 95 ff. vgl. Kleinert, Streit zwischen Leib und Seele, Halle 1880; G. Paris in Roman. III. 569 u. Stengel in Zeitschr. IV. 365 ff. sowie E. Haufe: Fragm. der Rede der Seele an den Leichnam. Greifsw. 1880 u. Varnhagen, Anglia II, 225 u. III, 569). Geistlich-didactischen Zwecken diente ferner: *„Disputatio inter cor et oculum,"* Wright p. 93—95. Dieses Gedicht hat nur eine einmalige längere Entgegnung, eine erzählende Einleitung und Schlussbemerkung. Im *Goliae dialogus inter aquam et vinum* wird dagegen Rede und Antwort 36 mal in fast regelmässigem Wechsel von je 4 Versen ausgesprochen. Der Dialog, welchen der Verfasser im Himmel gehört, stellt einen Streit zwischen Thetis und Lyaeus vor dem Tribunal Gottes dar. Thetis tritt für das Wasser, Lyaeus für den Wein auf, der durch geschickte Anwendung einer Bibelstelle siegt *) (Hubatsch 26). Ein davon verschiedenes Gedicht desselben Inhalts wird als Fragment des Benedictbeurer Codex von Schmeller unter dem Titel: *„De Conflictu vini et aquae"* mitgeteilt **). Nachdem die schlussbildende Moral, dass Ungleiches nicht vermengt werden darf, vorausgeschickt ist, fechten Wasser und Wein den Conflict selbst aus: Vinum sentit aqua secum — Dolens inquit: „quis te mecum — Ausus est conjungere?" (Str. 3). Das Gedicht zeichnet sich durch eine derbe Lebhaftigkeit des Dialogs aus, doch entbehrt es der Fülle von gelehrten, meist der Bibel entnommenen Argumenten des vorigen. Das unstrophische Gedicht: Hermanni Contracti *Conflictus Ovis et Lini* ***) zeigt mehr einen Zug der Reflexion mit didactischem Hintergrunde.

54] Eine der interessantesten Disputationen ist die *Altercatio Phyllidis et Florae* †) über den Vorrang eines geistlichen Liebhabers vor einem weltlichen. In der Darstellungsweise entspricht es dem Conflictus veris et hiemis. Der Eingang

---

*) Ed.: Th Wright: The latin poems commonly attributed to Walter Mapes 1841. p. 87 — 92.

**) Schmeller: Carmina Burana, 16. Bd. d. litt. Vereins zu Stuttgart. p. 232.

***) Haupt: Ztschr. f. d. A. XI. 215.

†) Wright a. a. O. p. 258—267; Carm. Burana p. 155 ff. ein Bruchstück.

enthält die Schilderung der Situation. Die reizenden Jungfrauen Phyllis und Flora wandern hinaus und geraten am Bachesrand in einen Streit über den Wert ihrer Geliebten. Phyllis hält den Ritter, Flora den Kleriker hoch. Str. 5 erinnert an die Herausforderung mancher Partimen, welche ein ähnliches Thema behandeln:

Non est differentia -- Corporis aut oris
Omnia sunt communia — Et intus et foris
Sunt unius habitus — Et unius moris
Sola differentia — Modus est amoris.

(Cf. im Prov. B. G. 24, 1; 139, 1; 313, 1; 384, 1; 388, 1). Auch in diesem Gedicht überbieten sich nicht einfach die Streiterinnen in wetteifernden Lobreden, sondern gehen widerlegend auf die Behauptungen der gegnerischen Partei ein, wie im Partimen (cf. Str. 18, 40 wo der Gegensatz der Meinungen besonders hervortritt). Der Dialog wechselt allerdings stets erst mit mehreren Strophen und ist vielfach mit epischen Bestandteilen vermischt. Von Str. 40 ab folgt ein langer Bericht über den weiteren Verlauf des Disputes. Es kann nicht auffällig sein, dass der Dichter als Sohn der Kirche die Curie des Liebesgottes dahin entscheiden lässt, dass der Cleriker 'aptior ad amorem' sei. Die Vorlage dieser Altercatio war wahrscheinlich ein altes, in Handlung und Darstellung freilich ganz verschiedenes, lat. Gedicht, dessen Entstehung nach Waitz viel leicht noch ins 11. Jahrh. fällt. Das Liebesconcil spricht sich auch in diesem Gedicht zu Gunsten des Klerikers aus. (Haupt, Ztschr. VII. p. 160; Hubatsch p. 26).

55] Als Satiriker und Träger der Zeitgedanken kennzeichnet sich der Goliarde in drei andern, durch heftige Angriffsweise hervorstechenden Streitliedern: *De Clarevallensibus et Cluniacensibus; De Mauro et Zoilo; De Presbytero et Logico.* Wright p. 237 — 251. Sehr gebräuchlich war für diese Gedichte die 4zeil. Strophe.

56] Schliesslich sei noch der *Dialogus creaturarum moralizatus* erwähnt, eine umfangreiche Sammlung von *Prosa-Conflictus,* in welchen alle Erscheinungen der belebten und unbelebten Natur in hartem Wortgefecht um die Superiorität ringen. Eine englische Uebersetzung des lat. Originals: „The dialogues of creatures moralysed" enthält Douce Coll. 271. (cf. Ethé a. a. O.). Mit diesen lat. Streitgedichten, Certamen, Conflictus, Altercatio und wie sie heissen mögen, deckt sich in den Grundlinien das persische *Munâzarât.*

## §. 22.

57] H. Ethé, der in seiner Abhandlung: „*Ueber persische Tenzonen*" recht interessante Einblicke in diese orientalische (resp. persische) Spielart unserer Dichtgattung eröffnet, sucht auch die Beziehungen des pers. *Munâzarât*, Wort- oder Kampfliedes, zu der prov. Tenzone und dem Estrif der benachbarten Nationallitteraturen aufzudecken und beschäftigt sich mit der Frage, ob überhaupt eine Ueberführung des pers. Mun. in die abendländischen Litteraturen möglich sei. Dazu erscheinen ihm zwei Wege denkbar: Entweder direkt durch die Kreuzzüge und die durch dieselben herbeigeführte nähere Berührung von Orient und Occident oder aber indirekt durch Uebermittelung des Spanisch-Arabischen, welches das Abendland in nicht geringem Masse beeinflusste. Er meint nun, dass die orientalische Dichtungsart sich durch die Kreuzzüge und bei dem innigen Verhältniss, in welchem Rich. Löwenherz und seine Truppen zu Saladin und dessen Streitern standen, sehr wohl nach Grossbritannien verbreitet haben könnte, da die englischen estrifs mehr als alle anderen europäischen Producte dieser Art dem Munâzarât verwandt seien und mit diesem oft wunderbar in den streitenden Parteien übereinstimmten; dagegen müsse den Provenzalen bis auf Weiteres die selbständige Erfindung zuerkannt werden, denn einerseits errege ihm die Tradition, dass Guillem IX. schon Verfasser einer Tenzone sei, andererseits der Umstand Bedenken, dass im Arabischen das abgeschlossene poetische Munâzarât nicht existirt. Wohl kaum aber würde der Verfasser die Möglichkeit einer Verpflanzung des prov. Wettkampfliedes nach der Provence hin erörtert, noch auch Spuren seiner Wanderung in dem engl. Estrif aufgesucht haben, wenn er nicht vollständig jene älteren latein. Streitgedichte übersehen hätte.

## §. 23.

58] Eine grosse Neigung zur Dialektik ist dem Orient nicht abzusprechen. Im Arabischen ist zwar das abgeschlossene Streitgedicht im persischen Sinne erst durch ein Exemplar in ganz neuer Zeit vertreten, aber die Grundlagen desselben, die vertiefte Betrachtung eines Gegenstandes, die Abschätzung nach seinen Licht- und Schattenseiten, machen sich schon in älterer Zeit bemerkbar. Mit Vorliebe wurden solche Betrachtungen als Episode in epischen Dichtungen verwendet, wie z. B. im Novellencyclus des Hariri, eines um 1100 lebenden arab. Dichters, welcher unter dem Namen des Hareth

Ben Hemman die Abenteuer des Abu Seid v. Serug *) erzählt. In der zweiten *Makame* erzählt Hareth, es sei ein hülfebedürftiger Wanderer im Kreise froher Geselligkeit erschienen, klagend über den Verfall seines Reichtums und seine jetzige Not. Um seinen Witz auf die Probe zu stellen und seiner Notdurft abzuhelfen, verspricht ihm Hareth ein Goldstück, wenn er das Lob desselben in Versen verkünden wolle. Darauf lobt der Wanderer das Gold: Es wird mit Ehrfurcht begrüsst in allen Landen, mit Freud' empfangen, mit Leid entsandt, giebt dem Schwachen Kraft und Selbstvertrauen, Verstand dem Thörichten u. s. f. Das Goldstück wird für seinen Redefluss hingegeben und ein zweites in Aussicht gestellt, wenn man jetzt auch den Tadel höre und „der Wanderer auf der Stelle liess noch einmal rauschen die Welle": Das Geld ist ein Heuchler mit freundlichem Lächeln aber kaltem Herzen, Feind der Wahrheit, Lehrer des Bösen, bringt Hader und Streit unter die Menschheit .... „Darum verachtet es ein edler Mann und spricht: „Du Taugenichts, hinweg von meinem Angesicht."

59] Noch mehr erinnert an das Munâzarât die 36. *Makame „Jungfrau und junge Frau."* Sie handelt über die Vorzüge und Schattenseiten derselben und veranschaulicht einerseits die Reize, andererseits die missfälligen Eigenschaften beider in den wunderbarsten, meist recht delicaten, Bildern. Die bekanntesten Prosa-Munâzarât im Arabischen sind ausserdem nach Ethé: Kaffee und Taback; Dattel und Traube; acht Schriftarten; weisse und braune Mädchen; Männer und Weiber; Schwert und Feder in zwei verschiedenen Versionen; Narcisse und Rose; Streit zwischen den Städten Malaga und Salé.

### §. 24.

60] Proben solcher *Prosa-Munâzarât* finden sich auch im Persischen. Am frühesten aber war das poetische persische Wortkampflied ausgebildet, welches sich von den Munâzarât in gereimter Prosa dadurch unterscheidet, dass der Dichter die Argumente nicht auf einmal bringt, sondern in einzelnen Hin- und Widerreden der im Streite vorgeführten Parteien. Die ältesten Muster dieser Gattung mit dem ursprünglichen Charakter des maskirten Lobgedichtes sind: Wettstreit zwischen Lanze und Bogen; Tag und Nacht; Himmel und Erde; Muselmann und Parse; Araber und Perser. Sie sind alle dem latein. Streitgedichte auf's Engste verwandt, nur tritt in ihnen der Zweck der Didaktik und Panegyrik unverhüllter hervor. An

---

*) Die Verwandl d. Abu Seid v. Serug od. d. Makamen d. Hariri in fr. Nachbild. v. Fr. Rückert, Stuttgart u. Tübingen 1837.

Stelle der einleitenden Situationsmalerei der latein. Conflictus erscheint bei den meisten schon der lehrhafte Ton:

„Jede Waffe schlägt im Kampfe eine and're Art von Wunde,
Zeigt sich auch den Feind zu schmerzen jede gleichermassen schwer;
Aber in der Ferne treffen, ohne sich vom Platz zu regen,
Lanze nur allein und Bogen, streiterprobter Krieger Wehr."

Lanze und Bogen, Ethé p. 94.

„Zahllos hat uns Gott erschaffen in des Weltbau's Stufengraden
Von der Erde bis zum Himmel Wunderdinge aller Art,
Aber Himmel just und Erde sind's, die mehr als alle andern
Seiner Schöpferkraft und Allmacht Werke uns geoffenbart."

Himmel und Erde p. 102.

61] Die Beweise, welche die streitenden Parteien für ihren Vorrang ins Gefecht stellen, sind bald der Lebenserfahrung, bald den heil. Schriften und der Mythologie entnommen. Sprunghaft reiht sich Bild an Bild, Vergleich an Vergleich. Analog den lat. Gedichten lässt auch das Munâzarât bei aller Objectivität der Darstellung erkennen, zu welcher Partei sich der Dichter bekannte. Die lang ausgedehnte Antwort des Bogens z. B. bekundet die Absicht des Verfassers, dass er eine Verherrlichung desselben erzielte. Die Lanze selbst muss seine. Ueberlegenheit anerkennen und schliesst sonderbar mit einem schwülstigen Lob des Herrschers, der allein dem Bogen solches Wissen könne verliehen haben.

62] Der Schlussübergang zur Preisung des Gönners (Schâhs) ist in den einzelnen Munâzarât verschieden. Im Wettstreit zwischen „Himmel und Erde" unterbricht der Zeitlauf den Disput und rät zum Frieden unter Hinweis auf den musterhaften, huldreichen Fürsten; in „Nacht und Tag" ruft der Tag das Haupt der Amîre zum Rechtsspruch an; nirgends aber wird der nahe liegende Gedanke verwirklicht, den Herrscher selbst den Disput schlichten zu lassen, wie im Conflictus veris et hiemis vom erhabenen Sitze Palaemon, unter dessen Person vermutlich Karl d. Grosse zu verstehen ist, dem Frühling sein Recht zuerkennt.

63] Die in den Munâzarât erwähnten und gelobten Personen führen Ethé zu dem Ergebniss, dass alle fünf der Zeitperiode vom Ende des 4. bis etwa in das zweite Jahrzehnt des 5. Jahrh. der Hijrah, also dem zweiten Viertel des 11. Jahrh. unserer Zeitrechnung angehören. Später, aber noch in demselben Jahrhundert, entstand ein anderes Munâzarât: „Streit zwischen Feder und Schwert." Was nun jede Annahme einer Verpflanzung dieser orientalischen Producte nach dem westlichen Europa abweist, ist der Umstand, dass der Occident selbst solche Erzeugnisse in lat. Sprache schon mehr als zwei Jahrhunderte früher aufweist.

## §. 25.

64] Leicht waren auch Uebergänge dieser lat. Dichtgattung in die Nationalliteraturen ermöglicht. In den Centralpunkten gelehrter Bildung Nordfrankreichs (besonders Paris), war sowohl die mehr academisch-geistliche, wie profane lat. Dichtung der Scholaren heimisch. Daher hat in der nordfranzösischen Poesie diese latein. Liedergattung zahlreiche Nachdichtungen erfahren, bald im engeren Anschluss an das knappe lat. Original, bald in märchenhaft ausgeschmückten Novellen. Dem alten latein. Conflictus veris et hiemis verdankt unzweifelhaft das nordfrz. Estrif „De l'Yver et de l'Esté (Jubinal II, 40) seinen Ursprung. Die Würde des lat. Gedichtes ist natürlich durch den fabulirenden Ton ganz geschwunden. Statt des Richteramtes durch Palaemon wendet sich der nordfrz. Trouvère an seine Zuhörer:

> „Seigneurs e dames, or emparlez
> Que nos paroles oy avez
> Apertement;
> E vus, puceles, que tant amez
> Je vus requer que vus rendez
> Le jugement."

65] Der Conflictus inter aquam et vinum fand eine Umgestaltung in „La disputoison du Vin et de l'Iaue*)." Nachdem der Dichter die peinliche Wirkung des Genusses verschiedener Weine geschildert, werden die Weine bald in einem Streit um den Vorrang vor dem Richterstuhl des Liebesgottes vorgeführt. Darauf mischt sich auch das Wasser hinein und fordert sein von den Menschen verkanntes Recht. Nach einer Beratung des Liebesgottes mit seinen Weinräten endet der Disput mit einem Vorschlag zur Versöhnung. Ein spanisches, natürlich nationalisirtes, Gedicht desselben Inhalts giebt der App. zu Walter Mapes bei Wright p. 306. In ähnlicher Weise ist die Erzählung vom Zwist der Blumenjungfrauen (Altercatio Phillydis et Florae**) in zwei altfranz. Liedern zu einem lieblichen Märchen ausgesponnen. Die Vögel mengen sich in den Streit: Die Nachtigall tritt auf als Zweikämpferin für

---

*) Jubinal: Nouveau recueil de contes, dits, fabliaux; Paris 1839 p. 293, Wright p. 299.

**) „De Florance et de Blancheflor," Méon: Nouv. édit. augm. des Fabliaux et Contes... par Barbazan Bd. IV. p. 354 und „Hueline et Aiglantine" Méon, Nouv. rec. I 353.

Blancheflor, die den Geistlichen liebt und siegt über den Papagei, welcher die Liebe der Florance zum Ritter verteidigt. Der überwundenen Florance bricht das Herz; die Vögel begraben sie und bedecken sie mit Blumen. J. Grimm (kl. Schr. III, 76) sucht die gemeinsame Quelle in einer Sage des 12. Jahrh. Derselbe Gegenstand wurde auch in der englischen und deutschen Litt. behandelt*).

66] Der „*Plait Renart de Dammartin contre Vairon son roncin*" (Jub. II. p. 23) ist dermassen erweitert und mit neuen Elementen versetzt, dass es fraglich erscheint, ob ihm das siebenzeilige Gedicht „*Golias de equo pontificis*" (Wright p. 85), welches ohne Gegenrede des Pferdes das Elend des Kleppers veranschaulicht, zu Grunde liegt. In inhaltlicher Hinsicht weicht überhaupt dieses Gedicht von den vorherbesprochenen ab.

67] Diese Auswahl der nordfrz. Nachdichtungen lässt die Stellung der lat. Lieder zur Fabliaudichtung erkennen. Auch die übrigen desbats und disputoisons tragen unverkennbar den Character der betr. latein. Lieder. Sie dienen der Satire, Moral und Didaktik und stehen deshalb oft im engsten Verhältniss zu den Fragen der Zeit. Ich verweise bezügl. derselben auf Hist. litt. d. l. France t. XXIII. p. 216 — 234. Vermutlich waren es nicht die Laien, sondern die Goliarden selbst, welche sie zuerst in die frz. Litt. überführten. Denn in Nordfrankreich, wo ihr wüstes Treiben die Kirche gegen sie herausforderte und die scholastische Philosophie dem Fortgedeihen ihrer Poesie hindernd entgegentrat, waren sie schon früh zum Wechsel der Sprache gezwungen. So mochten sie sich der nationalen Poesie zuwenden, mit dieser alle ihr eigentümlichen Elemente aufnehmen, und lat. Lieder mit gelehrterem Charakter in nationale Gestalt umformen. Dass wenigstens die Dichter in innigem Connex mit der lat. Sprache standen, bezeugen gelegentlich eingestreute lat. Wörter und Wendungen und viele Sprachkünste anderer Gedichte.

§. 26.

68] Ebenso fanden mit grosser Wahrscheinlichkeit die lat. Conflictus auch unmittelbare Uebergänge in die englische Nationaldichtung. Das erste Beispiel in engl. Sprache ist der verschieden datirte und öfter edirte „*Streit zwischen Eule und Nachtigall*" (s. Mätzner, altengl. Sprachpr. I, 40. Wülcker, neu-

*) Wright p. 364—371; Typographical Antiquities. London 1812. Bd. III. p. 311. Meister Heinzelin v. Constanz: Streitgedicht v. Pfaffen und Ritter ed. Pfeiffer. Leipzig 1852.

angels. Sprachdkm. p. 12). ten Brink (Gesch. d. engl. Littr. I, 273) setzt ihn auf Grund sprachlicher und litterarischer Momente in die erste Hälfte der Regierungszeit Heinrich III. (1216 — 1272). Die Acteure der lat. Streitgedichte erscheinen auch in dem engl. Estrif auf dem Felde des Kampfes; *The debate and stryfe betw. Somer and Wynter* (Hazlitt, Remains of the early pop. poetry of Engl. London 1864. Introd. p. 64); *Debate of the body and the soul* (Mätzner, Altengl. Sprachproben I, 92. Wright p. 334 — 349 drei Nacbildungen verschiedenen Alters). *The amorous Contention of Phillis and Flora,* Wright p. 363. Mehrere estrifs scheinen ihren Ursprung auf den Dialogus creaturarum moralizatus zurückzuführen: Mann und Frau (Typ. Ant. II, 381): De homine et muliere; Leben und Tod (Typ. Ant. IV, 575): De vita et morte. Es würde zu weit führen, hier auf die grosse Anzahl der teils poetischen, teils prosaischen und zu kleinen Dramen erweiterten, zuweilen mit Allegorie durchflochtenen engl. Redekämpfe näher einzugehen. Besonders häufig treten die Tiere, Drossel, Nachtigall, Lerche, Kukuk, Eule, Elster, Greif, Pelikan, Gans, Schaaf, Pferd, Fuchs, Wolf als Gegner auf.

## §. 27.

69] Für den provenz. Wettstreit in Form der Tenzone ist hingegen nicht mit gleicher Sicherheit eine Entlehnung der latein. Conflictus nachzuweisen, wenngleich diese auf Grund der (§§. 20 u. 21) angeführten Analogien unter allen Streitgedichten die grösste Wahrscheinlichkeit einer Einwirkung für sich haben. Zwar finden sich Uebergänge dieser latein. Dichtung selbst in die Poesie der Trobadors, aber erst zur Zeit der Nachblüte, wo bereits auch andere rom. Poesien solche Stoffe ausgebildet hatten. Der in fast allen abendländischen Litteraturen vertretene geistlich-didactische Dialogus inter corpus et animam ist z. B. auch im Provenzalischen behandelt *); Pflege solcher geistlich-betrachtenden Poesie deutet aber schon auf die Verfallszeit hin. Nichtsdestoweniger konnten freilich die lat. Conflictus, besonders der älteren Latinisten, auf die Gestaltung des prov. Streitgedichts einwirken, während sie selbst erst cultivirt wurden als die Poesie der Trobadors ihre nationale Bedeutung verloren und einen gelehrten Charakter angenommen hatte.

70] Unter den fingirten Tenzonen scheinen einige ursprünglich auf ein lat. Original der Vagantendichtung zurückzugehen,

---

*) Lautrier anziei una tenso, Bartsch Grdr. §. 51.

vgl. Golias de equo pontificis *) mit Bertram Carbonel 13 u.
1¼ und Graf v. Provence 2; allein das gedrängte lat. Gedicht
erfuhr schon in Nordfrankreich eine erweiterte Bearbeitung
(§. 25), welche in manchen Zügen an das späte prov. Gedicht
erinnert. Andere Gedichte mögen direkt aus der lat. Quelle
geschöpft haben. Den in frz., engl. und deutschen Handschriften in verschiedener Gestalt überlieferten, humoristischen Dialog mit dem fadenscheinigen Mantel, welchen ein fahrender
Schüler vom Pontifex erhielt **), hat sich Gui de Cavaillo für
seine Zwecke dienstbar gemacht (192, 3); das beliebte Casus-
spiel „Si te forte traxerit Romam Vocativus ***) wurde von
Rostaing Berenguier auf seine Liebschaft angewendet (427, 2)
und überhaupt standen beide Dichtungen im weiteren Verlauf
in Wechselwirkung. Um aber die Bedeutung der betr. Vagantenlieder für die Anfänge der Tenzonendichtung zu constatiren, ist erst ihre genauere Zeitbestimmung notwendig.
Vermutlich würde diese einer Ableitungstheorie aus der Vagantendichtung eher zum Hinderniss als zur Empfehlung ge-
reichen, da wir für mehrere der hierhin gehörigen Gedichte
wohl Walter Map's (gest. gegen 1210) Autorschaft †) bestehen
lassen müssen und auch in den übrigen Vagantendisputationen
kaum eine über die Anfänge der Tenzonendichtung hinaus-
gehende Quelle finden dürften. Ueberhaupt aber ist es misslich, bei einer, doch auch vielfach eigenartigen, Dichtgattung,
für welche alle Vorbedingungen zur Entwickelung in den socia-
len Verhältnissen gegeben waren, an Entlehnung zu denken.

Wahrscheinlicher ist indessen eine Einwirkung der Vagantendichtung auf die erst gegen Ende des 12. Jahrh. auftau-
chende fing. Tenzone, welche unverkennbar gemeinschaftliche
Züge mit den lat. Liedern trägt, vgl. bes. die Gott-Tenzonen.

### Die fingirte Tenzone ††).

### §. 28.

71] Von sowohl inhaltlich als formell sich als fing. Tenzonen erweisenden Gedichten sind im Verhältniss zu der Zahl

---

*) Gedr. Wright p. 85.
**) Ib. Epigr. de mant. a pont. dato, bestehend aus 6 Hexametern. Eher
könnte das längere Ged. von 23 Versen (Hist. litt. d. l. F. XI, 10) Vorlage
gewesen sein.
***) Hubatsch p. 54.
†) Wright a. a. O. Giesebrecht, die Vaganten und ihre Lieder.
††) Die ausdrückliche Hervorhebung der alten Biographien (M. p. 53),
dass Elias d'Uisel der Verfasser von „bonas tensos", Ebles dagegen von „malas

der wirklichen im Provenzalischen nur ganz wenige vorhanden. Vorab muss ich einer Eigentümlichkeit der Canzonen gedenken, welche an die fingirte Tenzone erinnert. Die Leys d'amors erwähnen (I, 322) eine *„cobla tenzonada en autra maniera dicha enterrogativa.“* Von den sechs angegebenen Beispielen gehören die vier ersten der, unpassend mit cobla tenzonada in Verbindung gebrachten, cobla enterrogativa an, das fünfte steht irrtümlich an jener Stelle, indem dort gar keine Frage aufgeworfen wird und nur das sechste kann eigentlich als cobla tenzonada betrachtet werden da hier Frage und Antwort abwechseln:

> Helas, ques has? greu mal . e qual?
> Fervor . d'amor? o yeu . coral?
> O be . de me? de te . per que?.......

Hier also hat sich der Dichter offenbar eine zweite mitredende Person wenigstens vorgestellt, sein Gedicht ist demnach kein Selbstgespräch im absoluten Sinne des Wortes mehr wie wir deren in erzählenden Dichtungen (Flamenca) und vielfach in Canzonen eingestreut finden, wo der Dichter in der bewegteren dialogischen Form teils in erster, teils in zweiter Person des Verbums für sich selbst redend, sein Stimmungsbild entwirft. Beispiele vgl. K. Appel: Leben und Lieder P. Rogiers p. 13.

72] Mit noch grösserer Deutlichkeit geht die Gegenüberstellung eines erdachten Mitredners in Guiraut's de Borneil (3): Ailas! com muer que as amis? (M. W. II, 51) hervor. Auch diesem dient die Wechselrede, wie im eigentlichen Selbstgespräch, zur Darstellung sich widerstrebender Elemente des eignen Innern. Zwischen Liebesbangen und -Hoffen schwankend erwägt der Dichter selbst zagend die Folgen einer Liebeswerbung, während er dem fingirten Freund Worte der Ermunterung in den Mund legt.

73] Eine gleichmässigere Verteilung des Dialogs wird in den Gedichten Albert de Sestaro 10 *) (Domna, a vos me coman,

---

tensos" gewesen sei, wird schwerlich, wie Fauriel t. II, 106 meint, dahin zu verstehen sein, dass der erste Dichter wirkliche, der andere dagegen fingirte Tenzonen verfasst hätte. Nach Analogie von „mala chanson" (= 194, 19) der Biographie Gui d'Uisel's, (Arch. 50, 256) könnte man eher an Tenzonen im engeren Sinne (= böse, satirische Tenzonen) und Partimen denken, wenn nicht etwa die nach der Auffassung der Trobadors frivole und verwerfliche Anstellung von Eble's Streitfragen zu dem Attribut „mala" veranlasste (s. §. 64).

*) Von Raynouard, Rochegude und Mahn ist es Albert Marques v. Malaspina beigelegt; wahrscheinlich mit Recht, da Albert de Sestaro, Sohn eines Jongleurs, Str. 6 u. 7 nicht Marques genannt werden konnte. Im Grundriss irrtümlich als Tenzone bez.

**M. W.** III, 181) und Aimeric v. Peguillan 23 (Domna, per vos estauc en greu turmen, Chrest. 159) beobachtet. In ersterem kommen die beiden ersten Verse der Cobla dem Dichter, die beiden folgenden der scheinbar gegenüberstehenden Domna zu, V. 5 ist eine neue Erwiderung des Dichters und 6 wiederum eine Entgegnung der Dame. In dieser Verteilung wird der Dialog, welcher das vorsichtige Liebesverhältniss der Dame zum schmachtenden Liebhaber schildert, durch sieben Strophen fortgeführt. Aus coblas tenzonadas in vollster Bedeutung besteht das zweite Gedicht. Mit besonderer Leichtigkeit wechseln Rede und Gegenrede, Vers um Vers ab. In den ersten drei Coblas (8 einreimige Zehnsilbner) werden den überzärtlichen Liebesgeständnissen des Dichters Bezeugungen gänzlicher Abneigung entgegengeschleudert. Entmutigt wendet sich dann der Liebende an Amors mit dem Vorwurf, dass sie ihn getäuscht habe. Den Vorschlag der Liebe, sein Herz von dem Kummer durch eine andere Wahl zu befreien, verschmähend, folgt er ihrem Rat sich durch Dulden und Dienen grössere Zugänglichkeit zu erwirken.

74] Am nächsten sind diejenigen dialogischen Gedichte den fingirten Tenzonen verwandt, in welchen das Gespräch Cobla um Cobla mit dem vorgestellten Interlocutor erfolgt. Es sind ebenfalls Canzonen in Gesprächsform, eine Art, zu welcher die Dichter griffen, um der monotonen Form des Minneliedes eine neue Wendung zu geben, welche sich durch grössere Lebendigkeit auszeichnete. Guillem Rainol d'At 4 (Arch. 34, 402) giebt sich schon in der erzählenden Einleitung als solche zu erkennen. Den Liebesbriefen stehen inhaltlich die in Hs. L. als Conseill bezeichneten Gedichte Raimon de las Salas 3 (Arch. 34, 428), Bertram del Pojet 1 (Arch. 34, 374; wohl = 75, 1) und Pistoleta 4 (M. W. III, 192) nahe. Der Dialog, in welchem die Dichter um Rat in ihrer Liebesqual bitten oder sich als versteckte Liebesboten an ihre hohen Damen ausgeben, hat den Endzweck der Geliebten die ergebensten Huldigungen darzubringen. Ein Fall aus der ausgeschmückten Biographie des Raimbaut de Vaqueiras bezeugt diese bei den Trobadors übliche Sitte. Wie Pistoleta, so entdeckt auch Rambaut der Beatrix v. Montferrat (Gattin Heinrich's v. Carret), dass er wegen der Vorzüge seiner Dame nicht wage ein Liebesgeständniss abzulegen und bittet um Rat in dieser Angelegenheit. Aufgemuntert durch Beatrix erklärt Rambaut sie selbst für die Geliebte (L. u. W. p. 230). Eine ähnliche Dichtart ist Joan de Pennas 1, ein „guerrier," in welchem Dichter und Geliebte

in gegenseitigen Lobeserhebungen wetteifern (Chrest. 327). Guiraut de Borneil 69: Sieus quier conselh bella amia Alamanda
(Arch. 33, 322), welches Bartsch ebenfalls nicht als Tenzone
aufführt, möchte ich dagegen als eine wirkliche gelten lassen,
indem es obiger Züge, welche dazu berechtigen auf einen Verfasser zu schliessen, entbehrt *).

## §. 29.

75] Einen ganz andern Charakter als diese dialogisirten
Canzonen tragen die fingirten Tenzonen. Dem Verzeichniss ist,
wie auch im Folgenden, nur die Angabe der hauptsächlich be-
nutzten Drucke beigegeben. Mehrere schwerer zugängliche alte
Drucke wurden durch die in Mahn: Werke d. Troub. und den
seit dem Grundriss erschienenen Specialausgaben ersetzt, sowie
auch einige mir bekannte, im Grdr. überhaupt noch fehlende,
Drucke neu hinzugefügt. —
Bertran Carbonel (82) 13. Ronci, cen ves m'aves faih penedir.
Meyer, Dern. Troub. p. 61. — id. 14. Si anc null tems fuy ben en-
cavalcatz. Meyer p. 63. — Daspol (122) 2: Seinhos, aujas c'aves saber
e sen. Meyer 43. — Graf v. Provence (184) 2: Carn et Ongla, de
vos nom voill partir. Arch. 34, 407. — Gui de Cavaillo (192) 3:
Mantel vil. Arch. 34, 416. — Guillem de St. Disdier (234) 8: D'una
don'ai auzit dir que s'es clamada. M. W. II, 55. — Mönch v. Montaudon (305) 7: Autra vetz fui a parlamen. Klein, Mönch v. Mont.
p. 35. — id. 11: L'autre jorn m'en pogei el cel. Klein p. 39. — id. 12:
L'autrier fui en paradis. Klein p. 32. — id. 13: Manens e frairis
foron compaigno. Klein p. 44. — Peire Duran (339) 3: Midons cui
fui demans del sieu cors gen. M. G. 1075 — Peirol (366) 29: Quant
amors trobet partit. M. W. II, 6. — Raimbaut de Vaqueiras (392) 7:
Domna, tan vos ai pregada. M. W. I, 362. Ulrich, altital. Leseb.
p. 1. — Anonym a (461) 43: Bel segner deus, sieu vos soi enoyos.
Suchier, Dkm. prov. Litt. u. Spr. I. p. 336.

## §. 30.

76] Die fingirte Tenzone erscheint teils in mehr dramatischer (82, 13; 82, 14; 184, 2; 192, 3; 392, 7; 461, 43), teils in
mehr epischer Form (122, 2; 234, 8; 305, 7; 305, 11, 305, 12;
305, 13; 339, 3; 366, 29), lehnt sich also einerseits an die eigentliche Tenzone, andererseits an die Pastorelle an. In diesen
Formen schildert der Dichter bald ein erdachtes Gespräch

---

*) Aehnliche Verwendung des Dialogs zum Ausdruck der verschieden-
artigsten Stimmungen und Gedanken ist auch in anderen Litt., bes. im Ital.
nicht selten. s. Ulrich p. 41. 43. 46. 83. Nannucci, manuale della lett. etc.
Bd. I, p. 1. 126. 134. 202. 203. 241. 351. 354. 487 (Sonett).

seinerselbst mit einem andern Wesen, bald stellt er sich nur
als erzählender Situationsmaler ein, um zwei fingirte, strei-
tende Parteien in ihren eigenen Rollen vorzuführen. Eine solche
Darstellungsweise bot ein geeignetes Mittel um Gedanken und
Empfindungen zum Ausdruck zu bringen, die sich nicht gut
für andere Dichtgattungen eigneten oder doch in deren Gewande ermüdeten.

77] Wie die angeführten Namen zeigen, reicht das Alter
der fingirten Tenzone nicht weit in die Blüte-Periode der prov.
Poesie zurück. Sie taucht erst gegen das letzte Decennium
des 12. Jahrh. auf unter den Dichtungen Peirols, Raimbauts
de Vaqueiras und des Mönchs v. Montaudon. Da sie sich jedoch fast gleichzeitig darin versuchten, so ist schwer zu er-
mitteln, welchem dieser drei Sänger die Schöpfung der fing.
Tenzone beizumessen ist.

## §. 31.

78] Peirol's Zwiegespräch mit der Liebe (L. u. W. 255)
ist während der Vorbereitung zum dritten Kreuzzuge (1189 —
1192) entstanden, denn es gedenkt missbilligend des Zwists der
beiden Könige Philipp August und Heinrich II., durch welchen
die Fahrt zum Beistand des heldenmütigen Markgrafen Konrad
✝. Montferrat verzögert wurde. In dem Disput mit der Liebe
zeigt der Dichter, dass nur die Kreuzzugsstimmung ihn über
den Schmerz der Trennung von Assalide, Schwester des Delphins v. Alvergne, hinwegzusetzen vermochte; auch durch
die Schlusstornada, welche die (unerfüllt gebliebene) Hoffnung
ausspricht, dass der Delphin sich nicht zurückhalten werde,
giebt sich das Gedicht als ein eigentümlich angelegtes Kreuz-
lied zu erkennen. Auffällige Aehnlichkeit zeigt der Eingang
des nordfrz. Streitliedes von Thibaut IV. mit Amours, Raynaud 1684: Quant amours vit que je li aloignoie. Hist. litt.
d. l. F. XXIII, 798.

## §. 32.

79] Weniger lebendig wie Peirol scheint der Mönch von
Montaudon von der Idee der Kreuzzüge ergriffen zu sein. In
einem Gespräch mit Gott, welches im Paradiese geführt wird,
kommt sogar eine völlige Abneigung gegen die aufreibenden
Wanderungen unverhüllt zum Durchbruch (305, 12; L. u. W.
276). In den ersten Coblen beklagt sich der Dichter durch
sein gottesfürchtiges Klosterleben die Gunst der Freiherrn mit
Ausnahme des Herrn Randon (Philipp August) verloren zu
haben. Obgleich es ihm Gott nicht als Verdienst anrechnet,

dass er sich ins Kloster sperrt und Hader und Streit mit seinen
Nachbarn führt um die Verwaltung zu behaupten, sondern
Lachen und Singen vorzieht, fürchtet der Mönch doch zu sün-
digen, wenn er als fahrender Sänger die Welt durchzieht.
Gegen Gottes Vorwurf, dass er seinen Freund und Wohlthäter
(Richard Löwenherz) nicht besucht habe, verteidigt er sich
mit den Worten: „Herr, wohl hätte ich ihn gesehen, wäre es nicht
durch eure Schuld unterblieben, denn du hast seine Haft geduldet.
Aber du bedenkst nicht wohin sich das Schiff der Sarazenen wendet,
landet es in Accon, so sind die Schurken dort im Vorteil; ein Tor
ist, wer euch in's Getümmel folgt." Das Gedicht ist also zur Zeit
der dreizehnmonatlichen Haft Richard's verfasst, „während welcher für das schwach besetzte, mühsam errungene Accon Be-
sorgnisse entstehen mussten" — etwa 1194. s. Klein p. 31.

## §. 33.

80] Aehnliche Auffassung der Kreuzzüge bekundet auch
ein späterer Dichter, Daspol (122,2). Während eines Traumes
wird er in den Himmel entrückt und wohnt dort einem Gericht Gottes bei. Gott beklagt sich, dass weder weltliche noch
geistliche Würdenträger sein heiliges Grab zurückverlangten
als Dank für die Vergiessung seines Blutes um ihr Seelenheil:
„Erinnerte man sich, wie ich für das Menschengeschlecht an's
Kreuz geschlagen wurde, so würde Jeder sich gern dem Zuge
anschliessen." Der Dichter erhebt sich und hält entgegen,
Gott habe Unrecht, denn er gebe den Sarazenen eine solche
Macht, dass die Christen endlich an dem Gelingen ihres Kampfes verzweifeln müssten; er möge den Ungläubigen Einsicht
ihres Vergehens geben, dann würde der Sieg ein unblutiger
sein. Als Gott mit heftigen Strafen gegen die in Feigheit,
Hochmut und Habgier befangenen Fürsten, Geistlichen und
geistlichen Ritterorden der Templer und Hospitaliter droht,
schlägt ihm der Dichter vor, er möge doch alle Schäden und
Unannehmlichkeiten beseitigen, alsdann würde Jeder nur edlen
Trieben nachhängen und sich Alles zum Guten wenden. Darauf erwacht der Dichter:

> E pueis m'esprit, mas Dieus per sa santeza
> Vuella, sil plas, quel rei el cardinal
> E li prelat el prinser sian tal
> C'usquecs vuella fenir en gran boneza. (Torn. 1).

Das zweite Geleit geht an den Rei d'Aragon, der als Vater
und Sohn des Edelsinnes, Schloss des Wertes, Quelle der Tugend gepriesen wird..

Auch diesem Gedicht liegt der Zweck des Sirventes zu Grunde: Auf der einen Seite schwingt der Dichter die Geissel über die Sittenverderbtheit der Fürsten und des Clerus, auf der andern aber findet er auch keinen Grund seine Stimme für die heilige Sache zu erheben. Offenbar ist das Gedicht zu einer Zeit entstanden, wo die einstmalige epidemische Wanderlust nach dem heil. Lande schon erkaltet war, wahrscheinlich als Ludwig der Heilige zum unglücklichen 6. oder 7. Kreuzzuge rüstete, für welchen weder die Anstrengungen der Päpste noch die unermüdlichen Kreuzpredigten Teilnahme erwecken konnten. Umso berechtigter mochte den Kreuzzugseiferern das Lob des Königs von Aragon (Jacob d. Eroberer 1213 — 1276) erscheinen, welcher die Sarazenen erfolgreich bekriegte. Oeffentliche Erklärungen gegen die unglücklichen Züge stehen nicht vereinzelt da; vgl. Austorc v. Orlac 1.

## §. 34.

81] Zwei andere fing. Tenzonen des Mönchs v. Montaudon streifen das Gebiet des moralischen Sirventes (305, 11 u. 305, 7). Sie zählen zu dem Originellsten, was die prov. Poesie hervorbrachte. In ersterer (L. u. W. 274) versetzt sich der Mönch auf Befehl des St. Michel in den Himmel. Nachdem er im ersten Teil eine Klage des St. Julian zu Gott über das Hinschwinden der Gastfreundschaft angehört, wohnt er einem offenen Gericht Gottes zwischen den Mönchen als Klägern und den Weibern als Verklagten bei. Ich gehe auf den bekannten Inhalt des Disputes, in welchem die Frauen das Eigentumsrecht der Malerei (resp. des Schminkens) gegen die Beschwerde der Mönche behaupten, nicht näher ein. Das Gedicht ist in den letzten Partien, welche besonders auf die Zubereitung der Essenzen eingehen, ganz darstellend.

82] Die zweite, ebenfalls dieses Verjüngungsmittel betreffende, Tenzone (L. u. W. 275) muss nach jener enstanden sein, da sie in Str. 1 an die Klage der Votivgemälde anknüpft. Um allem Lärm ein Ende zu machen, befiehlt Gott dem Mönch, dem Unwesen aus Liebe zu ihm zu steuern. Dieser hält jedoch das Schminken für ein Naturrecht der Frauen und bittet um Nachsicht; erst dann würde das Glätten und Schminken ein Ende nehmen, wenn Gott entweder die Schönheit der Frauen bis zum Tode bestehen lasse oder die Schminke ganz vertilge. Von den Strafen, welche die Frauen treffen sollen, möchte der Mönch nur Elise v. Montfort verschont wissen, da sie eine Ausnahme mache und über sie noch keine Beschwerde geführt sei.

## §. 35.

83] Als fünfte der Tenzonen, welche Gott als Interlocutor wählten, schliesst sich das anonym überlieferte Gedicht 461, 43 an. Der Dichter, mit Vornamen Rostaing, giebt uns hierin einige Aufschlüsse über seine Schicksale. Er zürnt gegen Gott, dass er ihn mit Unglücksfällen überladen und durch die Wucht feindlicher Hiebe niedergeschmettert hat. Gott aber hat dieselben über Rostaing gesandt als eine gerechte Strafe für Missetaten, welche er an Eremiten und Kauffahrern verübt. Nichtsdestoweniger erklärt der schwer Büssende, der sei nicht wacker, welcher nicht Pilger und Kaufleute beraube; so lange ihm nicht das Glück von anderer Seite hold sei, würde auch sein Dichten und Trachten auf Raub und Mord gerichtet sein. Die in Str. 5 u. 6 genannten Personen, wie Borc, Martin, Sanciners, Enavanza, Richaval d'Azillers, welche Rostaing als Söldner halten, Gott aber unschädlich machen will, geben uns keine Kriterien für die zeitliche Bestimmung des Gedichtes an die Hand, da sie nicht mit Sicherheit mit historischen Persönlichkeiten zu identificiren sind. Indem das Gedicht auch nur ein Product übermütiger Laune ist, brauchen sie nicht einmal notwendig der Zeit seiner Abfassung angehören, ebensowenig wie der in Torn. 2 erwähnte Garin d'Anjers. Unter Martin ist vielleicht der berüchtigte Freibeuter und Söldner fehdelustiger Fürsten, Martin Algai († 1211) zu verstehen, der auch 457, 33 vorkommt und 129, 3 eigentümlich zu einem Partimen verwendet wird. Zur ungefähren Bestimmung des Dichters Rostaing bietet vielleicht der Name Borc einen Anhaltspunkt. Mit dem Borc del rey d'Arago stand der im Anfange des 14. Jahrh. dichtende Rostaing Berenguier aus Marseille in näherer Beziehung, so dass letzterem wohl unsere fingirte Tenzone zugehört.

## §. 36.

84] Wie diese Dichter in Liebe und Gott, so finden der Graf v. Provence (184, 2) und Bertran Carbonel (82, 13 und 82, 14) den erdichteten Unterredner in ihrem Ross. Der Graf (Berenguier 1209 — 1245) drückt dem Pferde seinen Wohlgefallen über dessen Tüchtigkeit in Berg und Thal aus und gelobt sich nicht von ihm zu trennen, es sei denn mit der Waffe in der Hand. In der Antwort wird ihm dafür vollste Anerkennung gezollt. Die eigentliche Bedeutung der Tornaden, in deren erster dem Renner gewünscht wird zu leben wie Guigo de Galpert, weiss ich nicht zu ergründen.

85] Dieses, vermutlich als Sirventes aufzufassende, Gedicht hat den Charakter der Tenzone weniger gewahrt wie die beiden Dialoge B. Carbonel's mit seinem Widerpart. Im Gegensatz zum vorigen Gedicht wird hier das Pferd von seinem Herrn wegen schlechten Trabes und täglich zunehmender Hinfälligkeit getadelt. Der unglückliche Klepper giebt dagegen die Beschuldigung schlechter Bewirtung zurück und möchte lieber den Tod als längere Fasten und Plagen erdulden. Es liegt die Vermutung nahe, dass auch diese, scheinbar ganz scherzhaften, Gedichte eine tiefere Absicht involviren. In 82, 13 wird nämlich ausser einem seu Romieu noch Domna Saurina, die trefflichste bis nach Messina, mit Lob überhäuft. In 82, 14 rät der Gaul die Ankunft des reichen Grafen von Vellin abzuwarten, dem die Tenzone zum Spass vorgelegt werden soll. Demgemäss fordert das 3. Geleit die Tenzone selbst auf mit den Worten:

> Tenson vai t'en ad Albainia corrent, . . . .
> Tu li vai dir quieu li prec humilment,
> Que mi pagues, e farla ben e gent.

So hat es Bertran verstanden durch die Antwort des Pferdes seine eigene Dürftigkeit kund zu geben und den Grafen (Bertrand III., prince d'Orange et comte d'Avellino 1282 — 1335, Meyer) durch den mehrcobligen Wortstreit geschickt auf seine Bitte um Unterstützung vorzubereiten. Die Gedichte sind erst gegen Ende des 13. Jahrh. entstanden, da Bertrans Lebenszeit nach P. Meyer (Dern. troub. p. 56) in die Jahre 1280 — 1300 fällt.

86] Ein umfangreiches, unstrophisches, Streitgedicht in paarweise gereimten Versen zwischen En Buch und seinem Pferd, in catalanischer Mundart abgefasst, hat Foerster (Gröber's Ztschr. I, 79) edirt. Auf ein anderes catalanisches: la Disputa del ase contra frare Enselme Turmeda sobre la natura et nobleza dels animals, verweist Meyer p. 61.

## §. 37.

87] Als letzte der Tenzonen mit einem unkörperlichen oder unbeseelten Wesen bleibt noch 192, 3, Gui de Cavaillo und sein Mantel, zu nennen. Der Inhalt des nur in einer Hs. (H.) überlieferten Liedes bietet weniger Schwierigkeiten als die Herstellung der Form: Schlechter, lumpenhafter Mantel, nur zum Schaden warb ich dich, denn ich geriet dadurch in solche Scham, dass ich jetzt noch den Kopf hängen lasse; besser hätte ich dich in's Feuer geworfen ehe ich in deiner Hülle die Aufnahme bei der „plazen dou-

sana" (Millot: Donsava) und der „bella nagalborden" (Millot: Gal-
berge) verlor. — Gui, königlich wurdest du bedient als ich dich vor
Kälte schützte, jetzt aber werde ich verspottet; doch ich will die
Dienste nicht aufzählen, die ich dir erwiesen; wenn euch aber eine
Dame meinetwegen verschmäht, so tragt mich nicht dorthin und
wenn euch die Liebste die Aufnahme versagt, so möchte ich lieber
euch beide betten. — Mantel, für deine hübsche Rede will ich dich
in Scharlach färben lassen —. Der Mantel ist mehrfach Gegenstand dichterischer Behandlung geworden. Welch' anderer Kern
aber liegt in Karl v. Holtei's Lied an den Mantel „Schier
dreissig Jahre bist du alt": Du warst getreu in allen Stücken,
drum lass ich dich auch nicht mehr flicken, du Alter, würdest sonst
neu. Und mögen sie mich verspotten, du bist mir teuer doch . . . .

## §. 38.

88] Unter den noch übrigen Gedichten ist besonders Raimbaut v. Vaqueiras 7 von Interesse (L. u. W. 221). Es berichtet
ein fehlgeschlagenes Liebesabenteuer mit einer Genueserin,
welche, in ihrem ungeschliffenen genuesischen Dialekt redend,
die, in blumenreichster Sprache vorgetragenen, zärtlichen Lie-
beserklärungen des prov. Dichters abfertigt. Augenscheinlich
ist das Gedicht während der Wanderungen Rambauts in Ober-
italien oder doch in frischer Erinnerung an dieselben entstanden. Da Ramb. den Hof v. Orange nicht vor 1189 verliess
und nicht vor 1192 (resp. 1194) eine bleibende Stätte am Hofe
seines neuen Gönners Bonifaz II v. Montferrat fand, so scheint
unser Gedicht den ersten neunziger Jahren des 12. Jahrh. zu-
zugehören. Die Bezeichnung „descort", welche ihm Maus (P.
Card. Anhg. 491) beizulegen geneigt ist, erscheint zum Min-
desten sehr gewagt und beruht vielleicht auf einer Verwechs-
lung mit dem ebenfalls in verschiedenen (fünf) Mundarten abgefassten Gedicht „Eras quan vey verdeyar" (M. W. I, 371)
desselben Dichters. Während letzteres, sich im Eingang selbst
descort nennend, die von der Theorie vorausgesetzte und einstweilen noch festzuhaltende metrische und strophische Ungleich-
heit beobachtet — die 5. C. hat 9 Verse; die 6. C. 10 Verse
in 5 Sprachen, correspondirend den vorhergehenden Coblen;
weibl. und männl. Reime sind in den einzelnen Coblen versetzt — bewahrt obiges Gedicht mit Ausnahme der wahrsch.
auf Corruption beruhenden Verse 27, 28 und 79 in allen
Strophen gleichmässigen Bau, ist daher unter No. 817 bei Maus
(s. Druckf.) nicht aufzuführen. Die erste fünfzeil. Torn. schliesst
sich regelrecht an den provenzalischen, die zweite an den ge-

nuesischen Text an. Dass die Reime von Cobla zu Cobla wechseln, kann natürlich nicht auffällig sein. Aber auch in inhaltlicher Hinsicht entspricht das Gedicht nicht dem eigentlichen Wesen des Descort. Während dieses ursprünglich ernsterer Art ist und die, infolge unerwiderter Liebe entstandene, disharmonische Stimmung des eigenen Innern zum Ausdruck bringt, lässt sich unser Gedicht als eine humoristische Darstellung eines Liebeszwistes auffassen. Ich bemerke noch, dass Maus, Anhg. 491 anzugeben ist:

$$á_7\ b_7\ b_7\ á_7\ b_7\ b_7\ c_7\ b_7\ c_7\ b_7\ b_7\ b_7\ b_4\ d \quad \text{statt} \quad a_7\ b_7\ b_7\ a_7\ b_7\ b_7\ c_7\ b_7\ c_7\ b_7\ b_7\ b_7\ b_4$$

Bezüglich des reimlosen Schlussverses jeder Strophe verweise ich auf Römer, volkstüml. Dichtungsarten p. 17 (aber unten war Diez, Poesie d. Troub. 82 Anm. 1, nicht L. u. W. 82 Anm. 1, aufzuführen).

## §. 39.

89] Dem Mönch von Montaudon begegnen wir noch einmal in einer Tenzone halb didactischen Inhalts (305, 13). Er stellt den Contrast zwischen Reichtum und Armut dar, indem Reicher und Armer, in einem Streit begriffen, ihre beiderseitigen Vorzüge und die nachteiligen und verwerflichen Regungen ihrer Lage abschätzen. Der Graf v. Urgel soll den Richtspruch abgeben. Ein ähnliches tenzonenartiges Gedicht v. Garin d. Braunen *) (163, 1) veranschaulicht eine innere Spaltung zwischen Mesura und Leujaria, indem die wohlgemeinten und verführerischen Eingebungen beider in eigener Rede dargestellt werden. Der „Vers“ wird an Eble de Sinhas geschickt, welcher seinen Rat erteilen soll, wem zu folgen sei. Ob unter letzterem der Dichter gleichen Namens gemeint ist, lässt sich auf Grund seines einzigen Partimen mit Guillem Gasmar nicht feststellen. Die Form des Gedichtes ist sehr einfach: a a a a b mit Reimwechsel von a alle zwei Coblen. Eine fing. Tenzone oder vielmehr ein fing. Partimen ist Lanfranc Cigala 4: Entre mon cor e me e mon saber Si moc tensos, l'autra nueg que m dormia. (M. W. III, 131, eine Str. s. den Text im Anhang).

90] Ueber den Streit zwischen „trabuquet“ und „cata“ von Raimon Escrivan (Chrest. 317) spricht Römer, volkstüml.

---

*) Seine prov. Biograph. (M. p. 61) hebt ausdrücklich hervor: non fo trobaire de vers ni de chansos mas de tempsos, was mit den erhaltenen Liedern nicht in Einklang steht. Obiges ist aber sicherlich Garin d. Braunen gehörig (s. die verschiedenen Autorangaben der Hss.), da er sich in Torn. 1 ausdrücklich als Verfasser angiebt. In Hs. A (M. G. 1306) steht es unter den Tenzonen.

Dicht. p. 20. Die erzählenden Tenzonen Guillems de St. Disdier (234, 8 von Meyer p. 27 P. Duran zugeschr.) und P. Duran's (339, 3), ein Muster der Obscoenität, enthalten nichts Bemerkenswertes.

## §. 40.

91] Fassen wir das Resultat dieser inhaltlichen Untersuchung kurz zusammen so ergiebt sich: Von fing. Tenzonen werden mit unpersönlichen Wesen geführt 356, 29 (Liebe); 305, 7; 305, 11; 305, 12; 122, 2; 461, 43 (Gott); 82, 13; 82, 14; 184, 2 (Pferd); 192, 3 (Mantel). Die übrigen sind poetische Darstellungen von wirklichen oder erdichteten Gesprächen des Dichters selbst mit einer Person (339, 3. 392, 7), oder von andern Personen oder Personificationen unter sich (234, 8. 305, 13. 398, 1); tenzonenartig 163, 1. partimenartig 282, 4. Das Gebiet des politischen Sirventes betreten 122, 2. 305, 12. 366, 29; des moralischen 305, 7. 305, 11; der Didaktik 305, 13. 163, 1. 282, 4; persönliche Angelegenheiten behandeln 82, 13. 82, 14. 184, 2. 192, 3. 234, 8. 339, 3. 392, 7. 461, 43.

## §. 41.

92] Ueber den Bau der fing. Tenz. ist wenig zu bemerken. Ich verweise bezgl. des Reimschemas auf die entsprechende No. bei Maus, Anhg. od. Anm. z. P. Card. Strophenbau, berichtige etwaige Irrtümer und gebe die Coblenzahl und Reimsilben an. Maus Anm. 2 No. 4 : B. G. 305, 13. 8 C. a wechselt jede Cobla = o, iers, ey, er, is, ans, atz, or. b = ia. — Anm. 2 No. 20 : 82, 14. 6 C. 3 T. a = atz, b = ent, c = ansa. — Ms. Anhg. 105, 2 : 305, 11. 18 C. Reimwechsel. $a_1$ = at, $a_2$ = ort, $a_3$ = os, $a_4$ = anz, $a_5$ = oill, $a_6$ = on, $a_7$ = em, $a_8$ = entz, $a_9$ = utz, $a_{10}$ = ar, $a_{11}$ = ut, $a_{12}$ = $a_6$, $a_{13}$ = o, $a_{14}$ = $a_1$, $a_{15}$ = $a_8$, $a_{16}$ = $a_4$; $a_{17}$ = i, $a_{18}$ = es. $b_1$—$b_{9, 12, 15}$ = atz, $b_{10}$ = en, $b_{11, 13}$ = at, $b_{14}$ = cs, $b_{16, 17}$ = ar, $b_{18}$ = an. — Ms. 221 : 192, 3. 2 C. 2 T. Die erste C. ergiebt nach dem Drucke die Formel: $a_3$ $a_3$ $b_6$ $b_{12}$ $c_6$ $b_6$ $c_6$ $b_6$ $d_5$ $é_6$ $b_{11}$ $d_5$ $é_6$ $b_{11}$.
a = il, b = ei, c = is, d = en, e = ana.
Die zweite: $a_6$ $b_6$ $a_6$ $b_6$ $a_6$ $b_6$ $b_6$ $b_6$ $c_{11}$ $b_{11}$ $c_{11}$ $b_{11}$ ($_{10}$)
a = i(t)z, b = ei, c — ana.
Durch Zusammenfassung v. V. 1 u. 2, 9 u. 10, 12 u. 13, und Trennung des zwölfsilbigen 4. Verses der ersten C. in 2 Sechssilbner lässt sich eine mit der zweiten C. gleiche Vers- und Silbenzahl herstellen. Nur durch Aenderung des ersten Reimes erster C. und des 7. zweiter C. in itz ergiebt sich das Schema: $a_6$ $b_6$ $a_6$ $b_6$ $a_6$ $b_6$ $a_6$ $b_6$ $c_{11}$ $b_{11}$ $c_{11}$ $b_{11}$.
a = itz, b = ei, c = ana.
Die Caesur tritt in den 11-Silbnern nach 5. bet. Silbe ein,

eine Caesur, wie sie die Leys (I, 116) und die franz. Lyrik (Tobler 2 p. 91) kennen und überdies G. Figueira in 2 Ged. (no. 2 u. 7 d. Ausg. v. Levy). — Ms. 280, 3 : 122, 2. 8 C. 2 T. Reimw. alle 2 C. $a_1 =$ en, $a_2 =$ os, $a_3 =$ at, $a_4 =$ al. $b_1 =$ ia, $b_2$ $=$ ura, $b_3 =$ age, $b_4 =$ eza. — Ms. 306 : 82, 13. 6 C. 2 T. a = ir, b = ais, c = ina. — Ms. 309 : 461, 43. 6 C. 2 T. a = os, b = ers, c = anza. — Ms. 317 : 366, 29. 6 C. 2 T. a = it, b = en, c = an, d = os. — Ms. 359, 4 : 184, 2. 2 C. 2 T. a = ir, b = aigna, c = aia, d = ert. Metr. u. Reim = 160, 1. — Ms. 359, 8 : 234, 8. 5 C. 2 T; aber: ab 11-Silbner. Reimwechsel alle 2 C. $a_1 =$ ada, $a_2 =$ ia, $a_3 =$ aire. $b_1 =$ ura, $b_2 =$ eira, $b_3 =$ ire. $c_1 =$ an, $c_2 =$ en, $c_3 =$ ier. $d_1 =$ c, $d_2 =$ it, $d_3 =$ itz, Vgl. Bartsch Zs. II, 200. — Ms. 491 : 392, 7. 6 C. 2 T. s. §. 38. Reimw. jede C. $a_1 =$ ada, $a_2 =$ eso, $a_3 =$ ida, $a_4 =$ ato, $a_5 =$ era, $a_6 =$ esco. $b_1 =$ atz, $b_2 =$ o, $b_3 =$ ens, $b_4 =$ ei, $b_5 =$ ai, $b_6 =$ i. $c_1 =$ esa, $c_2 =$ ado, $c_3 =$ aire, $c_4 =$ osa, $c_5 =$ ire, $c_6 =$ ego. $d_1 =$ es, $d_2 =$ ado (?), $d_3 =$ ics, $d_4 =$ al, $d_5 =$ atz, $d_6 =$ ar. — Ms. 501 : 305, 12. 6 C. a = is, b = os, c = anha. — Ms. 535, 20 : 339, 3. 4 C. a = en, b = i, c = ansa, d = e. — Ms. 579, 7 : 305, 7. 7 C. 4 T. a = en, b = ura, c = ar, d = ir.

93] Unter diesen Gedichten sind 3 in zweireimigen, 6 in dreireimigen, 5 in vierreimigen Coblen abgefasst. Besonders einfacher Formen hat sich der Mönch v. Mont. in 305, 13 und 305, 11 bedient, beide bei den ältesten Trob. bekannt. Ihre Verbreitung s. Maus p. 67. Bartsch, Jhb. XII 4, 12. Künstliche Reimablösungen finden sich nicht. Eine ausgesprochene Neigung für eine gewisse Silbenzahl ist ebenfalls nicht zu beobachten, kann auch nicht im Wesen der fing. Tenz liegen, wie z. B. bei der Pastorelle; 6 mal wurde der 10-Silbner verwendet, 3 mal der 7-Silbner, ferner der 7- und 11-Silbner, 6- und 11-Silbner, 7- und 8-Silbner u. s. w. gemischt. Das Gesetz der Beibehaltung gleicher Reime wurde bei der fing. Tenz. nicht so scharf beobachtet. Auch abgesehen von 392, 7 (s. §. 38) weichen noch ab 305, 11 und 305, 13. Hinsichtlich der Form treten die Gedichte unter sich nicht in nähere Berührung, in wieweit sie dagegen der Form anderer Gedichte nachgebildet sind, bleibt künftiger Feststellung vorbehalten.

### §. 42.

94] *Zeugnisse für die Beteiligung zweier Verfasser.* An der Beteiligung zweier Verfasser für die Mehrzahl der Tenzonen wird nach den Ausführungen von Diez (Poesie p. 165) kaum ein Zweifel obwalten. Unterstützt wird seine Ansicht durch zahlreiche Zeugnisse aus den prov. Biographieen. Neben einzelnen Notizen, welche die Biogr. des Uc v. St. Circ (M. p. 47), Rainaut de Pons (M. p. 64) und Grafen v. Rodes (M. p. 61) enthalten, sind besonders hinsichtlich des Partimen mehrere Deutungen beachtenswert. Dass diese teilweise aus den Gedichten selbst zusammengesetzt sein mögen, thut ihrer Beweiskraft für die Beteiligung zweier Verfasser an der Tenzone keinen Abbruch; s. M. II p. 46 zu 432, 2; M. p. 58 u. Arch. 50, 256 : 295, 1, über die Zuverlässigkeit dieser Stellen L. u. W. 436 Anm. 2; Arch. 50, 256 Novelle zur Erläuterung von 282, 14; Arch. 50, 256 : 194, 2; ferner M. p. 62 : 392, 31; M. p. 61 : 457, 33; M. p. 58 : 253, 1. Uebrigens ist auch kein Grund vorhanden an der Glaubwürdigkeit der Auslegung des Partimen 384, 1 zu zweifeln (M. p. 47; L. u. W. 331), wenngleich die näheren Umstände auch sehr detaillirt erscheinen. Uc v. St. Circ giebt sich selbst als Verfasser und sogar als vermittelnden Boten in einem Liebeshandel zwischen Savaric v. Mauleon und Guillelma v. Benagues an. Letztere hatte Savaric durch falsche Verheissungen zum Entschluss bewogen um die Gunst der Gattin Guirauts v. Manchac zu werben; nachher wurde sie eifersüchtig und beschied ihn wieder zu sich „e sapias per ver que ieu Uc de St. Circ . . . . fuy lo messatge" bemerkt der Biograph. Savaric war unentschlossen, welcher von beiden Damen er sich zuwenden solle und verhandelte deshalb die Angelegenheit mit dem an seinem Hofe befindlichen Prebost v. Limoges.

95] Es erübrigt noch zweier Gedichte zu gedenken : 1) Ein persönliches Rügelied Granets gegen Bertram d'Alamano wegen seiner Wahl in einem Partimen mit Sordel (189, 4); 2) Die satirische Tenz. des Bertram d'Alam. mit Guigo (76, 1). Interessant ist besonders ersteres dadurch, dass sich das Partimen, welches die Veranlassung dazu gab, erhalten hat. (437, 10). Sordel überlässt Bertram die Wahl zwischen dem Verlust der Liebesfreude und dem der Waffenehre und Ritterlichkeit ohne Wissen seiner Dame. Bertram entscheidet sich für den ersten Fall und wird deshalb folgendermassen verspottet (M. G. 1017; fälschlich tenson überschrieben): „Sordel, da der Graf (Karl I v. Anjou) den Wunsch hegt, dass ich ihm die Torheit darlege, welche ihr und Bertram in eurer Tenzone behauptet habt — nun, ihr war't stets ein Tor in Liebesdingen und Bertram verteidigte die Waffenehre, er, der nie ein Ringlein seines Panzers im Kampf verlor ; Sordels Liebesbrauch ist bekannt, er liebt freudenleer und wenn je ein grosser, schlaffer Tropf Waffenruhm errungen, so hat ihn Bruder Bertram in vollem Masse." Das 1. Geleit geht mit Bezug auf Bertram an Johann v. Valari, dem Vorsicht empfohlen wird im Glauben an Bertrams Tapferkeit, das 2. an die Gräfin v. Rodes (Guida, Tochter Heinrich I, L. u. W. p. 380), um deren Gewinnung sich Sordel das Haupt soll scheeren lassen wie viele Ritter. Joh. v. Valari in Frankreich und die Gräfin v. Rodes sind nämlich zu Richtern des Partimen ernannt worden. Aehnliche Verhöhnung trifft Bertram auch 76,1 Str. 4 (H):

> Vostre fraire Bertram al partimen
> Partis e pres per com lo tenc per pro
> Que aissi tenc so que taing a baro
> E vos laisset tot com malvais pren
> Pois vos laisset de tota valor blos
> Mas beus laisset que de totz bes socos
> Gran malvestat ab lait captenemen
> E gran cors flac farssit davol coratge.

Das Partimen hierzu ist nicht überliefert. An der Beteiligung zweier oder mehrerer Dichter an der Tenzone ist demnach, wo nicht stichhaltige Gründe dagegen sprechen, festzuhalten.

### Tenzone und Sirventes.

### §. 43.

96] In der Beteiligung mehrerer Verfasser, sowie nach Form und Inhalt, treten aber mehrere Arten der Tenzone, besonders die satirische, in nächste Berührung mit dem Antwortsirventes. Es kann hier natürlich weder von den Kettensirventesen, noch den längeren Liedern mit einfacher oder mehrfacher Erwiderung die Rede sein*). Nur diejenigen Sirventese kommen in

---

*) Die Titel oder Unterordnungen in den Hs., nach welchen fast jedes Antwortged., oft sogar ein einfaches Sirv., eine Tenzone ist, sind natürlich nicht massgebend. Nach dem Vorgange dieser findet man mit Unrecht viele längere Antwortsirventese als Tenzone bezeichnet, obschon aus den Gedichten selbst nur einmal tenzon zu belegen ist (209,2), was dort Reimbehelf zu sein scheint. Ein Kettensirventes, bestehend aus einer Cobla mit drei Erwiderungen in gleichem Metrum und Reim, voll ehrenrühriger Bemerkungen ist z. B. 10,13 — 42,2 — 79,1 — 289,1 (Arch. 34,407; Zs. VII. 216). In formeller Hinsicht stimmt hiermit 182,5 überein, steht aber inhaltlich nicht damit im Zusammenhang. Ein einfaches Antwortsirventes, in Metrum und Reim ebenfalls mit 42,2 übereinstimmend, ist 457,30 — 209,3. s. auch 42,1 — 10,9 — 461,22 (8,2) — 437,2a Anc persona tan avara (Arch. 50,263). Längere Gedichte, denen eine mehrfache Erwiderung in gleichen Reimen zu Teil wird, sind 194,19 — 361,1 —432,1 (Erklärung Arch. 50,256); 325,1 — 357,1 — 182,2—57,3 ein politisches Sirventes (L. u. W. 480; Poesie 156); mit abweichenden Reimen 397,1—447,1 —29,15. Längere Gedichte mit einmaliger Entgegnung: 16,13—9,21 (Zs. VII. 215); 54,1 — 288,1 (M. p. 58); 97,1 — 254,2 (Metrum u. Reim = 97,6);

Betracht, deren Angriff nur in einer einzelnen Cobla bestand, welcher dann nach Tenzonenart durch eine zweite in gleichem Versmass und Reim entgegnet wurde. Diese zweistrophigen Antwortgedichte unterscheiden sich manchmal nur dadurch von gewissen Tenzonen, dass der streitige Gegenstand seiner Entscheidung weniger nahe geführt wird und lassen daher eine Unterordnung zu Tenzone und Sirventes zweifelhaft. Man findet sie deshalb von verschiedenen Gelehrten, ja zuweilen von ein und demselben, sowohl als Tenzone wie auch als Sirventes bezeichnet. Da aber die geringere Strophenzahl nur ein äusserliches Indiz zur Zuordnung zum Sirventes sein würde — denn zuweilen mochte der Gegenstand als erledigt erachtet oder der Coblenwechsel durch irgendwelche Zufälle unterbrochen werden — so gilt es eine Entscheidung hierüber nach andern Kriterien zu treffen.

§. 44.

97] In der Tenzone wird von dem Angreifer eine Antwort erwartet; bei dem Sirventes ist eine solche zwar nicht ausge-

160,1 — 180,1 Milá y Font. 432, Druck fragmentarisch (Metr. u. Reim 184,2); 192,2 — 83,2 je zwei Coblas mit Refrainzeilen (L. u. W. 445; Zs. IX, 126); 192,4 — 209,2 (L. u. W. 444; Zs. IX, 125), nennt sich in der Torn., welche das Gedicht dem Sänger Bernadon übergiebt, „tenson" und steht in Hs. A unter den Tenzonen; 217,2 — 177,1 Guillem Figueira's Rügelied gegen die röm. Geistlichkeit und Gormonda's v. Montpellier Verteidigung (L. u. W. 465); 225,1 — 96,1 (Blumenlese 166), G. d. Montaignagout besingt seine Dame als einen Freude-, Frauendienst und Liebe erleuchtenden Mond. · Ueber die Deutung des Namens Gauseranda als Freudenspenderin sollen die savi de Proensa ihre Meinung abgeben. Blacasset legt einen Lobspruch mittels solchen Vergleiches für eine Schmähung aus, denn wie der Mond sein Licht von der Sonne erhalte und vom Höhepunkte des Glanzes herabsinke, so strahle seine Dame nur in erborgter Pracht und ihr Wert sei im Verfall; das Gedicht ist voll Wortspielereien; 229,4 — 302,1 G. Raimon an die verratsinnenden Mola und Bertam, metr. = B. de Born 24; 241,1—457,2ᵃ Amic Guiraut tant me fai de vertut (H) Arch. 34,410; 265,3 — 437,6; Zs. VII, 206; 293,20 (nach No. 16 im Grdr. zu setzen da Aldric beginnt) — 293,43 (Suchier, Jhb. XIV, 147; Zs. f. rom. Phil. VII, 197), Gelegenheitsgedicht; 343,1 — 340,1 persönliche Mitteilungen, vermittelt durch Jongleur Peironet; 344,5 — 457,28 Cunica verteidigt von P. G. de Luzerna (s. L. u. W. 376; Zs. VII, 205); 356,7 — 389,34 M.II p. 9; L. u. W. 82); 420,1 (französisch) — 119,8 M. G. 1399 B. (L. u. W. 89 — 91); 437,9 (auch als Str. 2 in 437,7) — 96,9: Die „süsse Feindin", die Sordels Herz geraubt, ist jedenf. Beatrix, Gräfin von Provence, die 1220 mit Raimund Berengar (1209 — 1245) vermählt; in der Entgegnung macht sich Blacasset über Sordels Rede lustig; 457,36 — 310,3; Uc's de St. Circ Klage über Verkennung seitens seiner Dame; Geleit geht an Salvagia (s. 283,2 u. 282,15), welche Nicolet durch die liebevolle Aufnahme Uc's verdriesst; cf. Zs. VII, 214. Erwähnt sei noch, dass bei diesen längeren Antwortgedichten die Beibehaltung derselben Reime nicht erforderlich war: Es wechseln z. B. die Reime in 288,1; 437,6; 293,43; 457,28; 389,34; 119,8. Beihehalten sind die Reime des ersten Gedichts von 254,2; 180,1; 83,2 mit Ausnahme der Refrainzeilen; 209,2; 177,1; 96,1; 302,1; 257,2ᵃ; 340,1; 96,9; 310,3.

schlossen, aber doch mehr oder minder dem Belieben dessen
anheimgestellt, an welchen es gerichtet ist oder aber die Erwiderung geschieht ganz zufällig, oft sogar von einem Dichter,
der gar nicht durch persönliche Anspielungen dazu berufen
war. Die Erwartung einer Erwiderung setzt die mehrcoblige
Tenzone durch die Herausforderung ausser Zweifel. Diese
findet, der Verschiedenheit der in der persönl. Tenzone behandelten Gegenstände gemäss, in verschiedener Form statt:
Vielfach durch eine, zuweilen mit 'voill qem diatz, saber vuelh'
(15,1. 191,2. 248,16. 252,1. 287,1) eingeleitete Frage: 15,1. 46,3.
70,32. 97,7. 98,2. 189,5. 191,2. 248,16. 252,1. 286,1. 287,1. 323,4.
345,1. Auch kommen die Wendungen 'escometre vos voill' (458,1),
'ar vos desfi' (422,2) bei ernsten Anlässen vor oder es wird nach
Art eines Cosselh, welches C. 1 erbeten (242,69) oder gegeben
(461,56) wird, verhandelt. Vereinzelt stehen 112,1 (28) und
138,1 (100). Am häufigsten aber begegnet die Form der einfachen directen Anrede: 19,1. 52,3. 76,1. 84,1. 98,1. 189,2. 197,3.
198,1. 231,3. 267,1. 282,13. 292,1. 306,2. 438,1. 441,1. 460,1.
Die Mehrzahl dieser Gedichte gehört zur persönlich-satirischen
Tenzone und veranlasst die Antwort, ohne weiter dazu aufzu-
fordern, schon durch starke, direkt an den Angegriffenen ge-
richtete Invectiven. Aus der Tenzone Bertrans de Gordo mit
Peire Raimon (84,1) geht deutlich hervor, dass man in der
direkten Anrede eine Aufforderung zur Gegenwehr erblickte:
Car de tenso vos comis, Str. 3.

98] Es empfiehlt sich daher, alle diejenigen zweicobligen
Antwortgedichte, welche im Eingange mit der Tenzone über-
einstimmen, als Tenzonen zu bezeichnen, alle andern dagegen,
bei welchen die Antwort mehr oder minder zufällig erscheint,
dem Sirventese unterzuordnen. Demnach werden im Folgenden an entsprechender Stelle folgende Gedichte unter den Tenzonen eingereiht werden: 76,17; 123,1; 151,1; 156,4; 192,5)
welche untrügliche Zeichen der Tenzone durch eine deutliche (prec
que — 76,17. digatz 123,1. 151,1. 156,4, saber volria 192,5)
Herausforderung abgeben; ferner mit direkter Anrede: 75,4;
97,8; 152,1; 156,9; 187,1; 197,2 (?); 253,1; 298,1; 392,31 (3
Strophen); 402,1; 437,8; 453,1; 454,2; 457,33 und Seignen en
coms cum poiria en soffrir L. u. W. 336*).

---

*) Direkte Anrede haben auch 119,5 — 92,1; 181,1 — 156,1 Zs. VII,
216; das in N als tenson betitelte „Messier Albric, som prega Ardisons"
(457,20ᵃ); doch scheinen diese Gedichte eher dem Sirventes anzugehören. Ersteres kennzeichnet sich unzweideutig als Sirventes, indem der Angeredete,
Spielmann Mauret nicht selbst antwortet, sondern nur die Cobla des Delphin

## §. 45.

99] Der Angriff in den zweistrophischen Antwortsirventesen
ist gewöhnlich ein indirekter. Der erste Dichter schildert einfach das Verhalten des zweiten, ohne jedoch persönlich Stellung
gegen ihn zu nehmen. Gleichwohl konnte sich die Antwort
direkt zurückwenden (285,1; 393,3; 119,10 vilan cortes. . . .).
In 136,3 (Grdr. 136,2 bildet Str. 3 davon, vgl. auch Stengel,
Jen. Lit. Z. 1876 S. 768 Sp. 2) verspottet Elias d'Uisel Str. 1
den Gaucelem Faidit wegen seiner, durch die masslose Be-
geisterung für den Kreuzzug (1201) herbeigeführten Armut
ohne ihn namhaft zu machen. Gaucelm, der sich jedoch leicht
aus der trefflichen Zeichnung erkannt, hebt ohne sich zu recht-
fertigen das Hungerleiden auf Caslutz hervor, wo der grosse
Reichtum in Lachen und Scherzen und die Bewirtung der Gäste
in Canzonen und Sirventesen besteht, statt in Genüssen der
Tafel (Str. 2). Erst darauf wendet sich Elias direkt an seinen
Gegner zurück indem er ihn mit Namen anredet. Er gesteht
die Geringfügigkeit seiner Habe im Vergleich zu den vermeint-
lichen Schätzen Gaucelms und rühmt ironisch dessen ehren-
werten Bund mit der trefflichen Dirne Guillelma. Str. 4, welche
wieder den Anschein eines Sirventes hat, hält Gaucelm seiner
Ehrvergessenheit die löbliche Ehe des Elias entgegen: N Elias
c'amei a seror — Co ditz n Ebles qes lei cosis. . . . Die mei-

---

v. Alvergne zu übermitteln bestimmt ist. Sie critisirt die veränderte Lebensweise Bertrans de la Tor, welcher durch denselben Spielmann die Vorwürfe zurück giebt (M. p. 11); 457,20a ist ein Gelegenheitsgedicht und der natürlichen
Auffassung nach eine Verwendung Uc's v. St. Circ und Sordels für den brod-
losen Ardison bei seinem Gönner Albric. (Suchier Dkm. p. 320; Zs. VII, 203).
Fernere sirventesartige Coblenwechsel oder Gelegenheitsgedichte sind 42,1—10,9;
es steht in Beziehung zu 461,22 (8,2 zu setzen) in Metrum und Reim (Arch.
50,263), worauf Sordel erwidert (Ano persona tan avara). 461,22 behandelt
die imaginäre Waffentüchtigkeit Sordels, welche auch die Sirventese Peire Bremons
(330,6; 330,18; Zs. VII, 211) und Joans d'Albuzzo (265,3) berühren; Zs. VII,
204. 95,3 — 119,4: Inh. L. u. W. 94 nach M. p. 11. 285,1 wird P. Vidal
von Marques Lanza in 2 Coblen verhöhnt, auf die auffälliger Weise von P. Vidal
nur durch eine Strophe entgegnet wird; Veranlassung und Inh. L. u. W. 139,
M. p. 13. 330,20 — 192,1 nennt sich im Eingang „vers el son de ser Gui";
Reime sämmtlich auf i, zu beachten Oi als Schlusswort jeder Cobla; Zs. IX,
128 (vgl. 457,42). 353,1 worauf des Delphins „Vilan cortes, l'avetz tut mes a
mal erwidert; Aufschluss hierüber giebt die Biogr. P. Pelissiers M. p. 63; L.
u. W. 95. 393,3 (Arch. 50,263); ob Raimon Vidal gehörig? s. Cobla 1 Vs 6,
welcher eine Anspielung auf seine Rasos de trobar enthalten könnte. Diese
Gedichte sind meist persönliche Rügelieder, teils gehören sie zu dem poetischen
Verkehr, welcher bei den Dichtern der nachklassischen Zeit üblich wurde, wie
die Rätsel- und Witzspiele des Bort del rey d'Arago und Rost. Berenguier aus
Mars. (103,2 — 427,2; 103,3 — 427,1; 427,5 — 103,1).

sten Punkte, auch die Zeichnung der gefälligen Körperbildung finden sich auch in Gaucelms prov. Biographie wieder *). Diez und Bartsch haben den Liederstreit, welcher wohl noch in das erste Jahrzehnt des 12. Jahrh. fällt, als Tenzone betitelt.

100] Eine Tenzone, für welche sich ein unberufener Interlocutor fand, ist 138,1. In der ersten Str. beklagt sich Engles über den Mangel an Freigebigkeit und Courtoisie am Hofe des Königs von Navarra. Str. 2 erfährt er eine Zurechtweisung durch einen ungenannten Dichter und der Disput wird darauf noch fortgesetzt. Das Geleit geht unter grossen Lobeserhebungen an den König von Aragon. Ist Engles kein wirklicher Personenname, sondern Pseudonym für G. del Bauz**) (s. 392,31), so ist unter dem König von Navarra Sanche d. Starke (1194 bis 1234), unter dem König von Aragon Petrus II. (1196—1213) zu verstehen. Eine histor. Anspielung enthält vielleicht Str. 2 V. 8, wo der Name Engles übertragen gebraucht wird: 'Car Fransa tol als Engles cascun dia.' Jedenfalls wird mit diesen Worten auf den Verlust der französischen Lehen unter Johann ohne Land an die Krone von Frankreich hingedeutet (1203). Meyer (p. 35) bestimmt dagegen die Abfassungszeit auf das Jahr 1253.

**Die persönliche Tenzone (Tenz. im engeren Sinne).**

## §. 46.

101] Die persönliche Tenzone ist teils in feindlichen Beziehungen der Dichter unter sich, teils in Verspottungssucht oder doch irgend einem als tadelhaft befundenen Verhalten des Herausgeforderten begründet und geht demgemäss auf die verschiedenartigsten Lebensverhältnisse ein. Sie durchläuft alle Phasen der Gemütsverfassung, zeigt sich in ihrer Haltung bald

*) Die Liederstreite bildeten offenbar sowohl für die Rügelieder Peire's d'Alvergne u. des Mönches von Montaudon, wie auch für die Biographie eine ausgiebig verwertete Quelle. Es ist daher durchaus nicht zu billigen, wenn, wie das bisher immer geschehen ist, die Angaben der Biographien als Bestätigungen jener zeitgenössischen chronica scandalosa angeführt werden. Die historische Beglaubigung solcher, der Schmähsucht entstammenden Angaben ist darum nicht weniger als unanfechtbar.

**) Nichtsdestoweniger kann der Name Engles auch für Raimb. de Vaqu. (s. dessen Lebensbeschreibung in H) gebraucht worden sein, da die Verwendung eines und desselben Verstecknamens für Dichter und Gönner oder Geliebte auch sonst bezeugt wird. P. Vidal und Barral nannten sich *Rainier* Chrest. 239; Guillem de St. Didier, Vizgräfin v. Polignac und Hugo Marschall *Bertram* L. u. W. 263; Raim. v. Mir. und Raim. VI. v. Toulouse *Audiart* (L. u. W. 308). Die 1. C. würde besser für Raimb. d V. passen.

webmütig und ernst, bald heiter und lebendig, redet bald die
Sprache milder Besonnenheit, bald der rücksichtslosesten Härte
und Leidenschaftlichkeit und schlägt im Affect den Ton des
schonungslosesten Sarkasmus an. Ihre Zahl beläuft sich nach
folgendem Verzeichniss auf 55.

Albert marques de Malaspina (15) 1 Aram digatz, Raimbaut, sius
agŕada. M. W. III, 182; M. G. 1307. — Alexandri (19) 1 En Bla-
casset, bon pretz e gran largueza. — Beatritz de Dia (46) 3 Amics,
eu gran consirier. Ramb. d'Aurenga D. M. W. I, 84. — Bernart (52) 3
Gaucelm, nom posc estener. M. W. II, 102. — Bernart de Ventadorn
(70) 32 Peirols, cum avetz tant estat. Chrest.[IV] 141. — Bertran (75) 4
Javare, anc a mercat. Arch. 50, 263. — Bertran d'Almano (76) 1
Amics Guigo, be m'azaut de tos sens (M. W, III, 148). — id. 17
Seigner coms, eus prec quem digatz. Arch. 34, 411. — Bertran de
Gordo (84) 1 Totz tos afars es niens. Arch. 34,382. — Blacatz (97) 7
Peire vidal, pos far m'ave tenso. P. Vidal 39. — id. 8 Peirol, pos
vengutz es vas nos. Arch. 34, 405. — Bonafe (98) 1 Seignen Blacatz,
pos per tot vos faill barata. M. G. 1142. — id. 2 Seignen Blacatz,
talant ai que vos queira. M. G. 1143. — Cercamon (112) 1 Car vei
fenir tota dia. Jhb. I, 97; vgl. Romania VI, 118; VIII, 126. Zs.
III, 308. — Daude de Carlus (123) 1 En re nom semblatz joglar.
R. V, 136 u. 174. — Elias d'Uisel (136) 3 Manens foral francs pe-
legris. Str. 2 = 167,13 Barbíeri p. 123. Str. 3 = 136, 2 R. V, 143.
Meier 16. — Engles (138) 1 A la cort fuy l'autrier del rey navar.
Meyer 31. — Folco (151) 1 Cavaire, pos bos joglars est. Arch. 50,264.
— Folquet (152) 1 Porcier, cara de guiner. Arch. 50,282. — Fol-
quet de Romans (156) 4 En chantan voill quem digatz. Arch. 34,405.
— id. 9 Nicolet, gran malanansa. Arch. 34,412. — Gräfin v. Pro-
vence (187) 1 Vos quem semblatz dels corals amadors. R. V, 123;
Blumenlese No. 147. — Granet (189) 2 De vos mi rancur compaire.
Arch. 50,265; Str. 3 = 189,6. — id. 5 Pos anc nous valc amors, seigner
Bertran. M. G. 543. — Gui (191) 2 Falco, en dire mal. §. 85, 1. —
Gui de Cavaillo (192) 5 Seigner coms, saber volria Arch. 34,407. —
Guigo de Cabanas (197) 3 Vist ai, Bertran, pos nous viron mei oill.
Blumenlese 181. — Guillalmet (198) 1 Senher Prior, lo sains es ran-
curos. M. G. 533. — Guillem Rainol d'At (231) 3 Maigret, pojat m'es
al cap. M. G. 596. — Guiraut de Borneill (242) 69 S'eus quier con-
seill bel' amig' Alamanda. Arch. 33,322. — Guiraut Riquier (248) 16
Auzit ai dir, Bofils, que saps trobar. — Isabella (252) 1 N Elias
Cairel, de l'amor. Arch. 34,382. — Iseut de Capnio (253) 1 Domna
n'Almucs, sius plagnes. R. V, 18. — Joan Lag (267) 1 Qui vos dara
respieg, dieus lo maldia. — Lanfr. Cigala (282) 13 Lantelm, quius
onra nius acoill. — Lemozi (286) 1 Bernart de Ventadorn, del chan.

M. W. III, 247. — Lignaure (287) 1 Aram platz, G. de Borneil M.
G. 821. — Maistre (292) 1 Fraire Berta, trop sai estatz. §. 85,3.
— Matheus (298) 1 Seigner Bertran, per la desconoissensa. Arch.
34, 415 — Montan (806) 2 Eu veing vas vos, seigner, fauda levada.
Unter Domna H. zu ordnen, die im V. fehlt. M. G. 63. — Peire
d'Alvergne (323) 4 Amics Bernartz de Ventadorn. M. W. 1, 102 —
P. Guillem de Toloza (345) 1 En Sordel, e queus es semblan. M.W. II,
252. — Raimb. de Vaqueiras (392) 31 Tuit me pregon, Engles, qu'eu
vos don saut. Str. 2 = 209,1. R. V, 185 (H). Str. 3: Angles, ben tost
venguest naimars lassaut ist nicht verzeichnet. — Richart de Tarascon
(422) 2 Cabrit, al meu vegaire. M. G. 532. — Taurel (438) 1 Falconet,
de Guillalmona. Arch. 34, 383. — Tomas (441) 1 Bernado la genser
dona ques mir §. 85,2. — Uc Catola (451) 1 Amics Marcabrun, car
digam. Klein p 99. — id. 2. Nom posc mudar, bels amics, qu'en
chantans. Chr. 55. — Uc de Maensac (453) 1 En Peire, per mon
chantar bel. Meyer 30. — Uc de Mataplana (454) 2 En Blacasset
eu sui de noit. Arch 50,277. — Uc de St. Circ (457) 33 Seigner
coms, nous cal esmajar. Chrest. 160. — Uc de St. Circ (457) 33[a]
Seignen en coms, cum poiria eu suffrir. M. W. II, 157. — Uguet
(458) 1 Scometreus voill, Reculaire. Milá 323. — Vescoms de Torena
(460) 1 En vostr'ais me farai vezer M. G. 116. — Anonyma (461) 56
Bona domna, tan vos ai fin coratge. §. 85,4. —

Als Tenzonen sind von Bartsch noch irrtümlich 97, 5, eine
Botschaft von einem ungenannten Dichter (Uc v. St. Circ? 460, 1)
an Blacatz und Gui (v. Cavaillon) durch Spielmann Gasquet,
282, 21, ein persönliches Rügelied gegen Raimon Robin und
282, 15, welches über Enrics Liebe zu Salvagia handelt, bezeichnet.

## §. 47.

102] Zu den Tenzonen mit jenem sanfteren Charakter
gehören namentlich diejenigen zwischen Verliebten und Damen,
welche über irgend ein Liebesverhältniss unterhandeln (46, 3;
187, 1; 242, 69; 252, 1; 253, 1; 306, 2; 451, 2; 461, 56). Diese
gleichen mehr einer Canzone in Gesprächform (s. §. 28). Uc
Catola, Ramb. v. Orange und Elias Cairel werden von ihren
Geliebten der Treulosigkeit beschuldigt. Während aber die
Dame Catola's von einer weiteren Erklärung Abstand nimmt
und Beatrix v. Dia sich nach Versicherung der Treue endlich
beruhigt, kommt es zwischen E. Cairel und Dame Isabella
schliesslich zu unzarten Auseinandersetzungen, in welchen Elias
erklärt, sie nicht aus Liebe, sondern nach Spielmannsart um
Ehre und Erwerb besungen zu haben.

103] Ein inniges Verhältniss bekundet hingegen die Cobla der Gräfin v. Provence (Garsende, Gattin Afons II. v. Prov.). Sie ermutigt Gui de Cavaillo zu kühneren Ansprüchen, da beiden durch seine Zaghaftigkeit grosses Leid zugefügt würde. Gui antwortet, ihr hoher Wert flösse ihm Furcht ein, wesshalb er sich erst durch Dienen ihrer Huld würdig zu machen gedenke. Die Entstehung des Gedichtes ist wahrscheinlich in die Jahre 1209—1217 zu setzen, da sich die Gräfin wohl erst nach dem Tode ihres Gatten in Gui verliebte und bis 1217 für ihren minderjährigen Sohn regierte. Da Gui im eigenen Interesse wohl kaum einer Frau übelstehende Ermutigungen in den Mund gelegt hätte, so rührt auch dieses Gedicht entschieden von zwei Verfassern, das Gespräch zwischen Montan und seiner Dame zeigt dagegen einen so unerschöpflichen Reichtum an Obscoenität, dass die Beteiligung einer Dame fraglich erscheint.

104] In 253, 1 richtet Iseut de Capnio eine Cobla an Almucs de Castelnou zu Gunsten eines Guigo de Tornen, welcher mit Almucs in Uneinigkeit geraten war und nach der hs. Notiz (M. p. 58) nicht um Verzeihung seines Vergehens bat. Ein Guigo v. Tornel wird auch erwähnt in einem Sirventes P. Cardinals (57) mit welchem obiger Liebeverlorener identisch sein könnte (s. Maus p. 27). Derselbe scheint aber nach dem Geleit des Sirv. weniger ein Troubadour, als ein Gönner der Troub., gewesen zu sein. In ähnlicher Weise verwendet sich auch in dem anonymen Gedicht 461, 56 ein Fräulein bei der Herrin für den verabschiedeten Geliebten. Durch Frohsinn, Tüchtigkeit, höfliche Rede und Verschwiegenheit wird ihm die Wiedergewinnung seiner Liebe Str. 6 in Aussicht gestellt*).

105] Ueber die Unterrednerin Alamanda in G. de Borneil 69 fehlt mir jede sichere Auskunft. Eine Alamanda wird erwähnt in Verbindung mit Guiscarda in Bernart Arnaut d'Armagnac 1, doch ist die Identität schwerlich nachzuweisen. Vielleicht giebt die ausführliche Lebensnachricht Guiraut's in der Cheltenh. Hs. Aufschluss, welche mir aber nicht zu Gebote steht. Str. 5 nimmt auf eine ebensowenig sicher bestimmbare Persönlichkeit Bezug: 'Melhor conseill dera na Berengieira que vos no m'en donatz'. Berengaria ist ein mehrfach gefeierter Name (Guiraut d'Espagna). Falls jedoch in unserm Gedicht eine Angehörige der von Guiraut gerühmten spanischen Königshäuser gemeint ist, so scheint man darunter eher Berengaria,

*) Angaben über die Verwendung von Damen zu Mittelspersonen in Liebeszwisten s. v. Napolski, Puns v. Capd. p. 29.

Tochter Sancho VI. v. Navarra (1191 vermählt mit Rich. Löwenherz), als die gleichnamige Mutter Ferdinand III. (von
1217 ab König v. Castilien) verstehen zu müssen. Die Entlehnung der Form durch Bertran de Born 13 (Zs. f. rom. Phil.
III, 409) zwingt uns nämlich, das Gedicht mindestens in die
mittleren Jahre von Guiraut's Dichterlaufbahn (1175 — 1220)
zurückzuversetzen.

## §. 48.

106] Eine ungemilderte Bitterkeit atmen dagegen meistens
diejenigen Tenzonen, in welchen zwei Dichter persönliche Strei-
tigkeiten ausfechten oder sich wegen irgend welcher sittlichen
Mängel angreifen. Zuweilen wird auf die Vorwürfe durch eine
Selbstverteidigung erwidert, nicht selten aber ohne jegliche
Rechtfertigung ein ähnlicher Gegenhieb geführt und es kommt
zu verhöhnenden Zornreden und schimpflichen Beleidigungen
wie im persönlichen Rügeliede, jener mit Galle durchtränkten
Dichtungsart. Wie das persönliche Sirventes so giebt auch
die persönliche Tenzone oft schätzbare Aufschlüsse zu den
Lebensverhältnissen und der Charakteristik der Troub., doch
ist bei der Leidenschaftlichkeit den gegenseitigen Vorwürfen
nicht immer Glauben zu schenken. Einige dieser Tenzonen,
welche auf Vorkommnissen des engeren Verkehrs der Dichter
unter sich basiren, lassen eine eigentliche Deutung nicht zu.
Da sich vielfach Dichter der Verfallszeit auf diesem Gebiete
versuchten, so sind auch ihre Biographieen oft zu allgemein
gehalten, als dass sie zur Verständlichmachung der Coblen bei-
tragen könnten.

## §. 49.

107] Das Alter der scharfen, satirischen Tenzone steigt
nicht hoch — die Tenzonen mit Maistre (§. 12) sind unbe-
stimmt — in die prov. Litt. hinauf. Zu den ersten zählen die
Liederwechsel Raimbauts de Vaqu. mit seinem Gönner Wilhelm IV. v. Orange (392, 31) und Albert, Markgrafen v. Malaspina (15, 1). In 392, 31 wird u. A. der Prinz wegen seiner
Gefangennahme durch die Fischer des mit ihm verfeindeten
Grafen Ademar II. v. Poitiers verhöhnt. Da Ademar erst 1189
zur Regierung kam, Ramb. aber bald nachher den Hof von
Orange verlassen zu haben scheint, so muss das Gedicht etwa
1190 entstanden sein (L. u. W. 219).

108] Das zweite Gedicht, in dessen Eingang Markgraf
Albert über seinen Gegner als Sieger in einer Liebschaft mit
der Dame v. Tortona triumphirt, enthält in der Entgegnung

Rambauts eine Bemerkung, welche auf die Verbindung des Markgrafen mit den Tortonesern gegen Genua zu beziehen ist in den Jahren 1196—1198: Per que's clamon de vos li Genoes — Que mal lur grat, lur empenhes l'estrada (Str. 2). Diez hat diese historisch bemerkenswerte Tenzone, in welcher Raimb. den Hohn des Gegners zurückweist „indem er dem Vorwurf des Unglücks und der Dürftigkeit den triftigeren des Meineids und der Ehrlosigkeit entgegensetzt" L. u. W. 226 in trefflicher Uebersetzung mitgeteilt. Eine ausführliche Auseinandersetzung der in der Tenzone vorkommenden geschichtlichen Persönlichkeiten und Begebenheiten giebt O. Schultz, Zs. VII, 192 ff.

## §. 50.

109] Ungefähr derselben, vielleicht etwas späteren Abfassungszeit. gehört auch Bertran de Gordo 1 an, da das vermutliche Todesjahr seines Interlocutors Peire Raimon 1200 ist und Bertrân de Gordo, nach seinen historischen Nachweisen zu schliessen (Zs. f. rom. Phil. IX, 120) schwerlich vor dieser Zeit gedichtet hat. Wie es scheint ist Bertran von den Besuchen des Jongleurs P. R. nicht erbaut: „Dein Handeln taugt nichts, P. Raimon, deine Denkungsart ist gemein, dein Wissen gilt unter guten Menschen keine zwei Angevis und den halte ich für einen Thoren, welcher dir Ehre und Gutes erweist; wisse, ich werde dir nicht schenken, was zu thun du auch zu mir gekommen seist." Die folgende Str. schildert Bertrans eigenes Elend und darauf folgen wechselseitig noch gründliche persönliche Auseinandersetzungen. — Dass dieser Bertran de Gordo identisch ist mit dem gleichnamigen limousinischen Ritter, dessen Pfeil dem Leben des Rich. Löwenherz vor Chaslutz ein Ende setzte (s. Maus p. 75), entbehrt jeder Wahrscheinlichkeit. Wilhelm v. Gordon, welcher nach der Lebensnachricht Bertrans de Born durch Richard seines Erbschlosses Gordon beraubt war, ist jedoch wahrscheinlich ein Angehöriger des Troubadours.

110] Die Schicksale Gordons werden noch in einer Tenzone zwischen Matheus und Bertran (298, 1) berührt: „Herr Bertran, über die Undankbarkeit, welche ihr erzeigt, werde ich nach Belieben singen, denn wer es mit Versprechen bewenden lässt, begeht einen Fehler; schwerlich wird von euch Ehre erworben werden; denn wie man hört — und ich kann nicht umhin, es euch vorzuwerfen — habt ihr dem König Gordon verkauft; wenn das wahr ist, Herr, so suchet euch eine (geringere) Stätte, denn ein so reicher Ort kam euch nicht zu; wer euch wohl versteht, dem gilt euer Ja gleich einem Nein, denn mit höflicher Lüge wisst ihr euren Vorteil zu machen; wegen des Schadens aber, den ich davon habe, muss ich euch tadeln." In der Antwort behauptet jedoch Bertran, dass er weder Gordon noch seine Fehde (Rente?) verkauft, wohl aber den König um guten Vertrag gebeten habe und die rechte Zeit abwarte, sich an den Plünderern seiner Länder zu rächen:

> . '. . . . abanz veirai razo
> Qe venjarai de lor sol qal rei plaia
> Sel dagenes no temen colp ni plaia
> Qe plus ni an levat qe barasclo
> Per me raubar e segon tuit gasto
> Per qe prec deu qels confonda e deçaia.

Ich zweifle nicht, dass der Bertran dieses Gedichtes identisch ist mit dem, ebenfalls wegen Mangel an Freigebigkeit getadelten, Bertran de Gordo des vorigen. Jene Erklärung würde sich auf die Lehnsunterstellung Gordo's unter Philipp August (1211) beziehen (Zs. IX, 121). Der oben erwähnte Gaston ist jedenfalls Gaston VI., Vizgraf v. Bearn, welcher während des Albigenserkrieges auf Seiten des Grafen von. Toulouse stand und bei dessen Hülfeleistung (1212) offenbar Bertrans Besitzungen angriff. Das Gedicht gehört also in diese Zeit.

111] Auf dieselbe Zeit könnte noch eine, allerdings unklare, Beziehung auf Pons de Capdoil (1180 — 1190 dichtend) und Audiart, vermutlich dieselbe unbestimmbare Persönlichkeit, welche Pons. v. Capd. in einigen Tornaden nennt, in Rich. de Tarascon 2 hindeuten. Nach der handschr. Attribution von DaIK ist die Tenzone jedoch von Rich. de Tarascon und Gui de Cavaillo, welcher schon dem ersten Viertel des 13. Jahrhunderts angehört.

## §. 51.

112] Mangel an Freigebigkeit lockte auch noch Granets Drohung gegen Bertran d'Alamano (189, 2), die Rüge des Engles über den Hof v. Navarra (§. 45) und Maistre's Klage gegen Guillalmi (§. 12) hervor. Uc v. St. Circ. beschwert sich ebenfalls über das unrühmliche Benehmen des Grafen v. Rhodes, in dessen Diensten man grössere Plagen erdulde, wie in der Gesellschaft des Freibeuters Martin Algai. Der Graf weist ihn jedoch mit dem Bemerken zurück, dass er ihn nie als Gast gewünscht habe (457, 33 a). Diez legt die zweite Strophe mit Umänderung der Anfangszeile der ersten Str. in „Seigner vescoms" dem Vizgrafen (Raimund IV.) v. Torena bei (L. und W. 336). Bartsch bringt diese, aus zwei Coblen bestehende, Tenzone mit 457, 33 zusammen (L. u. W. 336 u. 337). Auf Grund des ganz verschiedenen strophischen und metrischen Baues (s. Strophenf.) sind jedoch beide als selbständig aufzufassen.

Die Widersprüche in Uc's v. St. Circ. Behauptungen lassen
sich ebensowenig zu einer und derselben Zeit in Verbindung
bringen. Uc ist nämlich in 457, 33 über die Not des Jongleur-
standes hinausgekommen und wäre sogar in der Lage dem
Grafen in Geldverlegenheit beizuspringen. Letzterer erinnert
jedoch den verwegenen Dichter daran, dass er ihn aus dem
Staube erhoben und durch seine Spenden bereichert habe.
Ueber die Identificirung des Grafen v. Rodes s. Meyer (p. 57.
N. 3), welcher in dem Gegner Uc's nicht Hugo IV, sondern
dessen Vorgänger Heinrich I. (1208 – 1222) erblickt.

### §. 52.

113] Ein anderer umfangreicherer Wortwechsel mit Uc v.
St. Circ (460, 1), welcher nach Diez' Ansicht vom Grafen
v. Rhodes ausgeht, ist auf Grund der handschr. Attribution
dem Vizgrafen v. Torena zuzuschreiben. Der Vizgraf schwört
die Burg von Uc's prahlsüchtigen Beschützern (Uc und Arnaut)
noch vor Frühling zerstören zu wollen. Uc bezweifelt den
Erfolg dieses Unternehmens, wenn ihm Graf Gui (de Cavaillo?)
nicht Hülfe leiste. Der Vizgraf ist ohne diese seines Sieges
gewiss, doch rät ihm Uc den Tag nicht vor Abend zu loben.

114] In den Fehden der Fürsten fanden die Trobadors
mehrfach Veranlassung zur Verhöhnung vermeintlicher Waffentüchtigkeit. Bertram v. Alamano wünscht Auskunft vom Grafen v. Provence, ob er die Verschanzung erstürmen will und
spornt ihn an, vielleicht ironisch, den Andern als Beispiel der
Tapferkeit voranzugehen. Der Graf glaubt so kriegserprobt
zu sein, dass er sein Glück machen wird (76, 17).

115] Bertrans eigene Waffentüchtigkeit steht übrigens bei
einigen Zeitgenossen auch nicht im besten Ansehen (vgl. 189, 4).
Guigo de Cabanas hat auf Verlangen Na Saura aus Gavaudan,
Raimonda v. Rocafoill und die Gräfin (v. Provence) benach-
richtigt, dass er in dem grossen Kriege der beiden Grafen
Schild und Lanze unversehrt liess. Bertran findet jetzt umsomehr Grund seinen Gegner zu schätzen, da unter rechtlie-
benden Leuten die Verläumdungen eines Taugenichts dieselbe
Wirkung hätten wie die Lobsprüche eines Ehrenmannes. (197, 3).
Der Krieg, von welchem in beiden Gedichten die Rede ist,
muss die Fehde zwischen Raimund VII. v. Toulouse (1222 –
1249) und Raim. Berengar v. Provence (1209 – 1245) sein, an
welcher Bertran d'Alm. sich in Wort und Tat beteiligte.

116] In einem anderen, nur bei Veränderung der handschr.
Strophenfolge als Tenzone zu bezeichnendem, Liede geht der
Angriff von Bertr. d'Alam. aus (76, 1). Er beschreibt Guigo's

ehrbare Laufbahn vom Traber bis zum Ritter. Auf Guigo's
Erwiderung beim Rufe nach den Tüchtigsten der Provence
würde man seinen Namen nicht nennen, nimmt Bertram Veranlassung ihm als Muster der Tüchtigkeit einige Barone der
Provence ironisch vorzuschlagen: Herrn von Pui, Torcho, Miul-
lon, Corteso, Lunel, Castelnou.

117] Mit bitterem Spott wendet sich auch Folquet de Romans gegen Nicolets Tapferkeit, dem die Sporen mehr zu Gute
kamen wie die Lanze (156, 9). Die wackern Grafen Gottfried
und Hubert, welchen Nicolet gefolgt ist, sind Gottfried und
Hubert v. Blandrate Zs. VII, 215.

118] Eine andere, zweicolbige, Tenzone des Folquet de Romans ist ziemlich genau zu datiren (156, 4). Folquet fordert
Blacatz auf ihm mitzuteilen, was er zu thun gedenke, wenn der
Kaiser ins hl. Land ziehen werde. Die Gräfin v. Prov. habe
jüngst behauptet, er sei aus Liebe zu ihr fröhlich und guter
Dinge. Blacatz teilt ihm mit, die Liebe zu der trefflichsten halte
ihn fest, er würde in ihrem Heim Busse thun. Unzweifelhaft
ist die Fahrt des Kaisers auf den 5. Kreuzzug zu deuten,
dessen Verzögerung Folquet zu feurigen Ermahnungen an die
Herrscher veranlasste. Das Gedicht scheint während der Vor-
bereitungen zu dem Kreuzzuge, welchen Friedrich II. nach
langen Umschweifen endlich im Septbr. 1227, resp. Juni 1228
antrat, verfasst zu sein. Von geschichtlichem Interesse ist noch
192, 5 (L. u. W. 446; Zs. IX, 127), um 1229 verfasst.

## §. 53.

119] Von Blacatz gehen mehrere persönliche Tenzonen aus,
welche in Liebe ihren Grund haben. Peirol giebt er den
schalkhaften Rat sich um eine, nicht näher angegebene, treffliche Dame zu bewerben (97, 8). Von P. Vidal will er Auf-
klärung über den Widerspruch, welchen Verstand und Thor-
heit in seinem Wesen bilden, besonders hinsichtlich seiner sinn-
losen Verliebtheit. P. Vidal behauptet dagegen seine Fertig-
keit in allen Dingen, erhebt den Wert der Treue in der Liebe
und hofft sein Glück zu machen (97, 7; L. u. W. 144). Dass
der ruhmgekrönte Ritter selbst mehr Glück in der Liebe hatte,
geht aus der Tenzone P. Guillems de Toloza mit Sordel hervor, worin letzterer als Mitbewerber um die Gräfin (v. Rhodes)
neben dem in ihren Diensten ergrauten Blacatz aufgezogen
wird (345, 1). Letzteres Gedicht scheint erst nach 1230 entstanden zu sein (Blacatz canutz), ersteres um 1215 (P. Vidal,
velhs).

120] Ebenfalls in Liebe begründet sind 189,5; 438,1; 441,1;

454, 2. Die interessantesten unter diesen sind die beiden ersteren.
Granet ermahnt Bertran d'Alam. von seiner aussichtslosen Liebe
abzulassen und seine Waffen, eingedenk seines Seelenheils, gegen
den Antichrist zu wenden, der über dem Meere regiere. Bertran ist jedoch so von Liebe gefesselt, dass er den Antichrist
herbeiwünschen und ihm sein Herz schenken würde, wenn er
ihn aus seiner Qual reissen könnte (Poesie 145). Die Anspielungen auf die Fortschritte des Antichrists beziehen sich wahrscheinlich auf das Jahr 1244. In diesem Jahre fiel Jerusalem
und bald nachher fügte der Sultan von Aegypten seinem Reiche
Syrien, Palaestina und Damascus bei. Das Gedicht wird demnach zwischen den Jahren 1244 — 1248, wo man den Kreuzzug antrat, entstanden sein. Die Schlussbemerkung: 'Pos en
Sordel na ben camiadas cen — ben puesc camiar una si no mes
bona', passt nur auf die späteren Lebensjahre Sordels († etwa
1270) und ist demnach mit jener Datirung zu vereinbaren.
Nach Bertrans Aeusserungen in diesem Gedicht hat er sich
schwerlich dem Zuge, für welchen ihn Sordel als tüchtigen
Seemann vorschlug (L. u. W. 387), angeschlossen.

121] Der andere Wortwechsel beginnt mit ehrenrührigen
Aussagen über Falconets Liebe zu Guillalmona, deren Ziel
durch den Markgrafen v. Montferrat entrückt wird. Wie aus
einer historischen Tenzone Falconets mit Faure hervorgeht,
lebte er zur Zeit Friedrich II., denn er nennt als Zeitgenossen
Gui de Cavaillo, Peire Bremon (149, 1). Auf Grund der historischen Momente, an welche vorliegende Tenzone anknüpft, ist
sie nach 1237 anzusetzen, da in diesem Jahre der Kaiser an
den empörerischen lombardischen Städten (bes. Mailand) durch
seinen Sieg bei Cortenuova Rache nahm. Als Gönner wird
Str. 4 Guillem Rentin genannt.

## §. 54.

122] In mehreren Tenzonen wird Dürftigkeit und Schlem-
merei des Gegners gerügt. Hauptgegenstand des Gesprächs
bilden sie zwischen Elias d'Uisel und Gaucelm Faidit (§. 45),
Folco und Cavaire (151, 1), G. Rainol d'At und G. Maigret
(231, 3), Uguet und Reculaire (458, 1). Cavaire rechnet es
Folco zur Schande an, dass er sich von einem Jongleur des
Markgrafen v. Este habe kleiden lassen. Diez hält Folco für
Bertran Folco, Zeitgenossen Raimons de Miraval und Gui's de
Cavaillo. Der erwähnte Markgraf kann daher ebensowohl
Azzo VI. (1196 — 1212) wie Azzo VII (1215 — 1265) sein.

123] Guillem Maigret wird wegen seiner Schwelgerei an-
gegriffen. Die Biographie rechtfertigt diesen Vorwurf voll-

kommen indem sie bemerkt, er habe den Verdienst seiner Leier durch Spiel und Trunk in der Taverna verschwendet (M. p. 62). Ein gleicher Vorwurf trifft Reculaire, der sich deshalb Wein und Würfel erkoren hat, weil nach der Prophezeiung alles Erdengut in Rauch aufgehen würde und der Tod den Mächtigsten dem Geringsten gleichstelle.

124] Blacatz, welcher als Dichterfreund von andern Trobadors so viel Lob erntete, wird von Bonafé in zwei Tenzonen wegen Dürftigkeit verhöhnt (98, 1 u. 9ᵟ, 2). Auch noch andere, für die Charakteristik bemerkenswerte, Vorwürfe und histor. Elemente mengen sich hinein. Die erste Str. von 98, 2 nimmt auf zwei, nicht näher bestimmbare, Persönlichkeiten Bezug: Guillem Bareira und Raimon Oblacheira  Zu dem Inhalt vgl. einen Lobspruch Cadenets (L. u. W. 323).

## §. 55.

125] Die noch übrigen persönlichen Tenzonen sind von minderem Interesse. 19, 1 mahnt Alexandri den Blacasset für seine Schulden. Dieser erinnert seinen Freund an erwiesene Wohlthaten. Daude de Carlus hält Gui de Glotos eher für einen Kaufmann wie Jongleur. Gui gesteht Str. 2 seinen Handel wohl zu kennen und ist gekommen um ihm Tugend zu verkaufen (123, 1). Lanfr. Cigala hält Lantelm keiner Ehre und Aufnahme wert, denn in ihm seien Hochmut und Unwissenheit gepaart und seine Gedichte aus Schmutz und Schmähsucht gekleistert; statt von Trefflichkeit rede er von Gui de Nanteuil. Die Entgegnung giebt ähnliche Schmeicheleien zurück (282, 13). Das Gedicht ist nur bei veränderter Strophenfolge als Tenzone aufzufassen. In 422, 2 wird Betrug und Verläumdung gestraft. Bezüglich Maistre 1 und Guillalmet 1 verweise ich auf §. 12. Ueber 152, 1 s. Zs. IX, 134. Nur selten beschränken sich die satirischen Tenzonen auf die Besprechung des einzelnen Factums oder Dictums, welches den Ausgangspunkt des Streites bildet; die meisten — alle hier besprochenen haben natürlich keinen gleich kriegerischen Charakter — gestalten sich im weiteren Verlauf zu einem wahren Sündenregister. Ich verweise dafür auf ein §. 85, 1 mitgetheiltes bisheriges Ined, welches Schultz Zs. IX, 124 f. vor 1209 setzt. s. V. 20 u. 70.

## §. 56.

126] Allerdings giebt es einige persönliche Streitgedichte, welche sich von oben besprochenen durch eine bedeutend höfischere Haltung auszeichnen. Auch diese führen ihren Ursprung

wie die satirischen, auf ein wirkliches Factum oder Dictum
eines der streitenden Dichter zurück, doch wenden sie sich
weniger gegen den Charakter als gegen eine falsche oder doch
discutirbare Ansicht des Gegners. In dieser Eigenschaft nähern
sie sich wesentlich dem Partimen und unterscheiden sich von
diesem nur dadurch, dass sie nicht gesetzte, sondern wirkliche
Fälle behandeln, infolgedessen einen andern Eingang zeigen
und die Meinungen in ungezwungener Combination austau-
schen. Dass die Dichter selbst die Verwandtschaft dieser persönlichen Tenzone mit dem Partimen erkannten, geht aus dem
Verweis des Bonfil an Guirant Riquier hervor: 'Pus plag
d'amor laissatz per sermonar . . . .', eine Benennung (plag d'amor),
die gewöhnlich für Partimen über Gegenstände der Liebe gebraucht wird.

### §. 57.

127] Ob die älteste Tenzone zwischen Uc Catola und Marc.
(452, 1) hierhin gehört, muss dahin gestellt bleiben, da aus der
ungebräuchlichen Art der Herausforderung nicht deutlich ersichtlich ist, ob die einleitenden Worte Catolas gerade mit
Rücksicht auf Marcabruns bekannte feindliche Stellung gegen
die Liebe gewählt wurden. Nach Marcabruns Erklärung über
die fals'amors entwickelt sich ein partimenartiger Disput, indem Cat. den Wert der Liebe gegen Marcabruns Anschuldi-
gungen aufrecht hält. Das Gedicht ist besonders interessant
wegen der zahlreichen Argumente aus der hl. Schrift und dem
Altertum.

128] Verschiedene Ansichten über den Wert und die Natur der Liebe werden auch in 286, 1, 323, 4 und 70, 32 gewechselt. In ersteren wird B. v. Vent. wegen seines Sanges-
überdrusses zur Rede gestellt. Bernart erklärt die Vergeblich-
keit seiner aufrichtigen Liebeswerbungen habe ihn gegen die
Liebe erbittert. Seine Gegner empfehlen ihm die Geduld als
erste Bedingung zum Erwerb der Liebesfreuden. Ueber denselben Gegenstand verhandelt Bernarts Liederwechsel mit Peirol.

129] Die Verteidigung der Damen durch einen nicht näher
angegebenen Bernart gegen Gaucelm (52, 3) scheint durch
Rügelieder des letzteren veranlasst zu sein: Gaucelm, ich kann
nicht umhin erzürnt mit euch zu streiten, denn ich habe den Willen
die Damen nach Kräften zu verteidigen; denn eine giebt mir für
frühere Uebel höflichen Ersatz, wesshalb es sich ziemt, dass ich auf
ihr Benehmen meine schönen Reden verteile. Peire Cardinal, welcher in seinen Canzonen gegen die Liebe zu Felde zieht, erging es ebenso durch Uc de Maensac, dem sein schöner Sang

manches Angebinde, Ring und Handschuh, einbringen (453,1).
Beide Angreifer finden jedoch in P. Card. und Gaucelm hart-
näckige Verfechter ihres Standpunktes.

130] Die Tenzone G. Riquiers mit Bonfil bekundet die
moralphilosophische Richtung, in welche die Dichter der Verfallszeit, besonders Guiraut, die Poesie einzulenken suchten.
Bonfil rät ihm daher, wenn er den Liebesstreit aufgeben wolle
um zu predigen, den weissen Mantel (als Ordensgewand unter
Mönchs- und Ritterorden bekannt) anzulegen (248, 16). Str. 6
der hdschr. Strophenfolge ist als St.r 5 anzusetzen.

### §. 58.

131] Litterarisches Interesse bietet besonders die Tenzone
zwischen Guir. de Born. und seinem, in Guirauts Planh näher
charakterisirten, Freunde Lignaure. Es handelt sich um die,
vielfach bei den Dichtern diskutirte, dunkle Manier des Dichtens (s. Bartsch, Reimkunst der Troub. Jhb. I, 171; Poesie p. 60).
Die Veranlassung scheint Guirauts Gedicht: „A penas sai co-
mensar — Un vers que vuelh far leugier" gewesen zu sein, in
welchem er sich gegen die dunkle Poesie ausgesprochen hatte
(M. W. I, 195). Sein Gegner nimmt diese in Schutz: „Guiraut
ich möchte wissen, weshalb ihr die dunkle Poesie tadelt; schätzt ihr
so sehr was Allen gemein ist, dann würden alle Dichter gleich sein."
„Lignaure, ich bestreite nicht, dass jeder nach seiner Neigung dichte,
meiner Meinung nach aber ist die leichte, klare Poesie geschätzter
und beliebter." „Guiraut, ich bemühe mich nicht zu dichten, dass es
Gut und Schlecht, Gross und Gering versteht. Die Unkundigen verstehen nicht, auch kümmert es sie nicht, was schwerer und besser ist."
Guiraut jedoch meint durch den klaren Gesang, wie er auch
in jenem Gedicht erörtert, eher verstanden und berühmt zu
werden. Die letzten Strophen wenden sich von der Behandlung des Themas ab und bekunden das innige Verhältniss in
welchem Guir. zu Lign. stand (287, 1).

### Die historische Tenzone.
### §. 59.

132] In der freieren Gedankencombination des gewöhnlichen Gesprächs verlaufen noch einige Tenzonen über Fragen
des öffentlichen Lebens, Persönlichkeiten und Welthändel. Sie
sind am besten als eine besondere Art der Tenzone aufzufassen. Dem Partimen nähern sie sich zwar insofern, als die Person der Dichter nicht in die Streitsache verwickelt, mithin

das Interesse mehr auf die Lösung der Zweifel über den in
Rede stehenden Gegenstand gerichtet ist. An das Part. erinnern auch Wendungen wie „e partrai vos un joc" (149, 1),
doch behandeln diese Gedichte Fälle der Wirklichkeit — nicht
gesetzte — mit sirventesartiger Tendenz und die conträre Stellung der Dichter zu dem diskutirten Gegenstand tritt nicht in
der schroften Weise des Part. hervor. Folgende Gedichte gehören hierbin:

Auzer Figueira (42) 3 NAimeric, queus par del pro Bertram
d'Aurel. Arch. 34, 404. — Faure (149)1 En Falconet, bem platz car
es vengutz. §. 85, 5. — Guigo de Cabanas (197)2 Nesqileta, qar m'a
mestier. R. V, 176 u. 143. — Guillem (201) 1 En aquel son quem
play ni quem agensa. Meyer 51. Ist 322, 2 einzureihen. — Guillem
Raimon (229) 2 NAimeric queus par d'aqest marques. Arch. 34, 404. —
Guillem de Saint Leidier (234) 12 G. de San Disder, vostra sem-
blansa. Als 285, 2 einzureihen. — Guiraut Riquier (248) 37 Guillem
de Mur, que cuja far. M. W. IV, 237. — Jaufre (260) 1. Guiraut
Riquier, diatz me M. W. IV, 252. — Joan d'Albuzzo (265) 2 En Nicolet, d'un sogne qu'eu sognava. Arch. 33, 297. — Raimon Guillem
(402) 1 Amics Ferrari, del marques d'Est. Arch. 50, 264. — Montan
(306) 3 Meravill me com negus honratz bars. Blumenlese 11. Gehört
437, 8 zu. — Simon Doria (436) 3 Seignen Jacme Grills, eus deman.
Arch. 34, 383. —

## §. 60.

133] Die hier angeführten Namen besagen hinlänglich, dass
die Mehrzahl der historischen Tenzonen der Mitte des 13. Jahrh.,
also der Verfallsepoche des Minnedienstes, angehört. Es kann
daher nicht Wunder nehmen, dass man zu einer Zeit, wo die
Erregung der besseren Trobadors über diese Erscheinung sich
vielfach in Sirventesen Luft machte, auch in Tenzonen über
den Untergang des Minnedienstes und seine Ursachen verhandelte. Drei Tenzonen betreffen diesen Gegenstand (260, 1;
436, 3; 437, 8). Ihr Inhalt bekundet, dass das öffentliche In- .
teresse an der Poesie völlig erkaltet war. „Guiraut Riquier,
fragt Jaufre, von welchem Volke wird der Frauendienst nach
eurem Wissen noch besser hochgehalten? Hier findet er so
üble Aufnahme, dass jeder über den Verlust bekümmert ist."
Guir. berichtet, dass bei den Catalanen die gute alte Lebensart noch herrsche und rät ihm Verschwiegenheit in Liebesdingen. Als Jaufre's Gönner wird Jolivetz genannt.

134] Jacme Grill misst die Schuld des Unterganges von
Scherz und Frohsinn den habgierigen Edlen bei, während er
die Frauen lobt. Sein Interlocutor Simon Doria hält aller-

dings Jacme's Ansicht betr. der Habgier der Grossen für Irrtum. Da die 3. Str. neue Reime ansetzt, so scheint Symon noch eine Erwiderung erwartet zu haben.

135] Gegen die Nichtswürdigkeit der Grossen richtet sich auch Sordel. Er drückt Montan seine Verwunderung darüber aus, wie ein hoher Baron durch schlechte Taten seine schönen Verheissungen Lügen strafen könne. Montan giebt zwar zu, dass man dem Klugen nicht einreden könne eine trügerische Tat stehe gut an, doch nimmt er die Mächtigen in Schutz indem er bemerkt, es koste zu viel um sich in Ehren und Ansehen zu setzen. — Die Absicht von Guigo's de Cabanas Strophenwechsel mit Esquil., sowie der Bezug auf Rogier, ist nicht recht aufzuklären.

## §. 61.

136] Während sich die Dichter in vorgenannten Tenzonen gegen die Schäden der Zeit im Allgemeinen richten, üben sie in folgenden das Amt des Sittenrichters über bestimmte, namhaft gemachte Persönlichkeiten. Mit einer bewunderungswerten Freimütigkeit und Furchtlosigkeit gehen Faure und Falconet vor (149, 1): „Herr Falc., wohl gefällt es mir, dass ihr gekommen seid, denn lange machte ich mit euch keine Tenzone; ich werde ein Spiel mit euch teilen, das man weithin hören soll; bei jedem Zug wollen wir einen elenden Baron einsetzen und ihn nach Verdienst beurteilen; nicht mögen wir uns einschüchtern lassen von den reichen Lumpen, wenn nur unser Lied den Trefflichen gefällt." Darauf überbieten sich die Dichter im Ausfindigmachen tadelnswerter Freiherrn. Nachdem Gui v. Cavaillo, Maltortel und dessen Bruder Raino, Rostanh, Bremon, Herr v. Folqualquier, v. Courteson und dessen Onkel, Herr v. Meolhon, v. Berre u. Andere verunglimpft sind, rät Faure nicht grundlos seinem Gegner die Provence zu verlassen, wenn nicht die Raben seinen Falken rupfen sollten. Falconet will sich indessen nach Chaslutz aufmachen, wo stets Gastfreundschaft und Freigebigkeit zu Hause ist. Einige der angeführten Personen dienten auch Bertr. d'Alam. zur Zielscheibe des Spottes (76, 1). In beiden wird der Herr v. Courteson (G. del Bauz) noch als lebend genannt; die Tenzonen müssen daher vor 1218 gedichtet sein.

137] Eine eigentümliche Tenzone wechselt zwischen G. Raimon und Aim. v. Peg. (229, 2). Der Dialog bewegt sich hier von Zeile zu Zeile. Das ganze Gedicht umfasst in dieser Verteilung 12 Zeilen. Der in Rede stehende Markgraf gegen dessen Fähigkeit, Lebensart und Thatkraft einerseits Zweifel obwalten, der aber andererseits als jung und besserungsfähig hingestellt wird, ist selbst seinem Stammlande nach nicht näher angegeben und daher nicht mit ausreichender Sicherheit zu bestimmen. Denn über G. Raimons Leben ist wenig bekannt und der viel gereiste Aimeric genoss die Gunst mehrerer Markgrafen: Raimund VI. v. Toul., Wilh. IV. v. Montf., Wilh. v. Malasp. und Massa, Azzo VI. u. VII.v. Este. Da jedoch die Identität Guillem Raimons mit Raimon Guillem ziemlich feststeht, so ist auf Obizzo II., Sohn Azzo's VII. zu schliessen.

138] Die Cobla ähnlichen Inhalts, welche Raimon Guillem an Ferrari v. Ferrara (zweite Hälfte des 13. Jahrh.) richtete (402, 1), ist vermutlich ebenfalls auf Obizzo zu beziehen; vgl. Zs. VII, 231. Letzteres dunkle Gedicht (402, 1) ist durch Ueberhäufung metrischer Künsteleien sehr verunziert (s. Strophenformen). Ferraris Erwiderung (150, 1) ist in gleicher stroph. und metr. Form aber abweichenden Reimen abgefasst und deshalb das Gedicht mit besserem Recht als Sirventes zu bezeichnen.

139] In 42, 3 unterhält sich Auzer Fig. mit Aim. v. Peg. über ein Spiel, in welchem Bertram d'Aurel dem Guillem del dui fraire zweimal Schach mit einem Messer bot und sich vom Spiel erhob, als Guillem zu ziehen gedachte. Aimeric hält es für weise, dass Bertram das Spiel Sordels Meister überliess und sich ohne Schaden aus der Verlegenheit zog. Der dem Gedichte zu Grunde liegende Thatbestand ist unklar. Der Bezug auf Sordel wird einigermassen aufgehellt durch die anonyme Cobla 461, 80 (Arch. 50, 263). Für den Verfasser derselben, welcher sich durch Sordels Verluste im Spiel genügend gerächt sieht (Zs. VII, 204), wird obiger Guillem zu halten sein. In der Verbindung „dui fraire" möchte ich eher die Bezeichnung eines Freundschaftsverhältnisses (wie M C. XXI.) als das Schloss Dosfraires erkennen.

## §. 62.

140] Ganz besonders entschädigen uns die übrigen Gedichte für den Mangel an poetischem Gehalt durch ihre geschichtliche Bedeutung. Joan d'Alb. 2 erzählt in allegorischer Einkleidung den Zug Friedr. II. nach Italien zur Demütigung des lombardischen Städtebundes. Strophe um Strophe wechselt die Beschreibung von Albuzzo's Traumvision mit Nicolets Erklärung derselben ab. Im Traume erscheint ihm ein Adler, welcher hohen Fluges gen Salerno zieht und Alles ohnmächtig vor sich hertreibt. So grossen Luftzug erregt er, dass Alles um ihn her erdröhnt und das Feuer in einem von Köln kommenden Schiffe in hellen Flammen auflodert und nach allen Seiten, wohin des Adlers Flug sich wendet, verheerend um sich greift. Dann löscht der Adler das Feuer aus und zündet ein helles Licht in Montferrat und andern Orten an und erhebt sich selbst über alle Welt. Nach Nicolets Erklärung ist der Adler der Kaiser, welcher durch die Lombardei kommt; sein hoher Flug bezeichnet seinen Wert mit dem er seine Widersacher niederschlägt; der Wind ist sein grosser Schatz, wodurch er der Deutschen Heer anfeuert um seine Befehle auszurichten; das Erlöschen des Feuers bedeutet den Frieden, das Anzünden des Lichtes in Montferrat aber die Rückgabe Montferrats an den Markgrafen, die übrigen Lichter die Belohnungen seiner Parteigänger und die Erhebung des Adlers in die Luft die Herrschaft des Kaisers über alle Welt. Die Tornaden sprechen den Wunsch aus, dass Gott dem Kaiser Kraft und Willen gebe Tugend und feine Sitte wieder herzustellen. Da der Markgraf v. Montf. (Bonifaz III.) noch als Anhänger Friedrich II. gilt, so muss das Gedicht zwischen Novbr. 1237 (Sieg bei Cortenuova) und 1242 entstanden sein, in welchem Jahre sich Bonifaz von den lombardischen Städten gegen Friedrich erkaufen liess. Es fehlt diesem Gedicht eigentlich ganz das Charakteristikum der Tenzone.

141] Eine andere, im Grdr. ebenfalls als Tenzone betitelte, Traumdeutung (234, 12) hat ebensowenig tenzonenartigen Charakter. Sie ist eine geschmacklose allegorische Darstellung von Liebe, Dame und Verleumder durch Garten, Blume und zerstörenden Wind. Der Interlocutor Guillems de St. Disdier war vermutlich Manfred II. — Bezüglich G. Riquiers Unterredung mit G. de Mur (248, 37), welche mehrmals in Verbindung tritt mit der Bekämpfung der Mauren in Murcia, verweise ich auf Milá 360; bezügl. 201, 1 auf Meyer (p. 51), welcher das Gedicht auf Grund der Anspielungen auf die Unruhen in Limoges und Pampelona bald nach 1276 datirt. (s. auch p. 51. N. 2).

### Partimen.

### §. 63.

142] Während die bisher besprochenen Tenzonen der Wirklichkeit angehörende Gegenstände behandeln und von ernsterer Art sind, beziehen sich die Partimen fast ausschliesslich auf gesetzte Fälle und sind reine Spiele und Uebungen des Witzes. In der ersten Strophe wirft ein Dichter eine Controversfrage auf und überlässt einen ihrer Gegenstände einem Kunstgenossen zur Wahl und Verteidigung gegen den andern. Eine

Hauptbedingung war dabei die Ersinnung von möglichst spitz-
findigen dilemmatischen Streitfragen, so dass sich der Streit
meist um die Praevalenz ganz aequivalenter Dinge dreht. In
diesem Sinne rühmen sich die Dichter hübsch teilen, ein ver-
driessliches Partimen machen zu können (226, 5; 437, 10), bezeugen selbst in Verlegenheit zu sein wegen der Schwierigkeit
der Wahl (16, 16; 155, 24; 167, 42) oder rügen es andererseits
in eitler Selbstüberhebung, wenn das Part. ohne Trug aufge-
stellt ist (449, 1).

143] Die Klarlegung der Streitfrage geschah in der ver-
schiedensten Weise. Entweder fragt der Dichter ohne Umschweif nach dem Vorrang zweier näher charakterisirten Gegenstände (8, 1; 10, 19; 97, 3; 129, 1; 142, 3 etc.) oder giebt
vor, Träger eines Dilemmas zu sein und fragt um Rat in seinem
Zweifel (10, 37; 12, 1; 16, 16; 24, 1; 75, 2; 77, 1 etc.), oder
stellt sich widerstreitende, fingirte, Beziehungen von andern
Personen, Rittern, Damen und dem Interlocutor selbst auf und
fragt nach dem besten Teil (10, 3; 10, 28; 16, 15; 52, 4; 97, 4;
97, 12; 139, 1; 145, 1 etc.). Im weiteren Verlauf vertauschen
die Partimen die freie Wechselrede der bisherigen Tenzonen
durch ein dialectisches Hin- und Wiederreden, in welchem es
gilt Gründe und Widerlegungen zur Verteidigung des gewählten Satzes beizubringen. Die hierhin gehörigen Gedichte sind
folgende *).

144] Ademar (1) 1 Miraval, tenzon grazida. Arch. 34, 379. Vermutlich Ademar lo Negre C. 4. V. 3. Zs. IX, 130. A. 5. — Aimeric
(8) 1 Peire del Puei, li trobador. Dkm. 134. — Aim. de Peg. (10) 3
Albert, chauzetz al vostre sen. M. G. 693. — id. 6 Amicx NAlbertz,
tensos soven. M. W. III, 251. — id. 19 De Bergadan, d'estas doas
razos. Milá. 296. — id. 28 Gaucelm Faidit, de dos amics corals.
M. G. 1199. — id. 37 NElias, conseill vos deman. M. W. II, 172. —
Alaisina Yselda (12) 1 A na Carenza al bel cors avinen. Gröber's
Ztschr. IV, 510. — Albert de Sestaro (16) 15 En Peire, dui pro cavalier. M. W. III, 83. — id. 16 Gaucelm Faidit, eu vos deman. M. W.
II, 100. — id. 17 Monges, digatz segon vostre sciensa. M. W. III, 81. —
Arman (24) 1 Bernart de la Bartal, chauzit. Arch. 32, 414. In der
Ueberschrift in Da. G. Q. heisst er Arnaut. — Bernart (52) 4 NElias,
de dos amadors. Arch. 34, 380. — Bertran (75) 2 En Bernartz, gran
cortezia — id. 3 Gausbert, razon ai adrecha. Arch. 35, 102. Vermutlich Bertran d. Preissac gehörig. Zs. VII, 181. — id. 5 Monge, eu vos
demant de doz plaç cortes. Gröb. Ztschr. IV, 503. — Bertran Albaric

---

*) Aim. de Peg. 6 und Bertran 3 waren nicht wohl anders unterzuordnen.

(77) 1 Amic Guibert, ben a set ans passatz. Meyer p. 125 — Blacatz
(97) 3 En Pelissier, chauzetz de tres lairos. M. W. II, 141. Arch. 34,
405. — id. 4 En Raimbautz, ses saben. M. W. II, 137. — id. 12 Seiguer
Blacatz, ben mi platz e m'aienza. Suchier, Dkm. pr. Litt. u. Spr. I,
335. Unter Bernart anzug. — Cavaire (111) 1 Bonafos, eu vos envit.
Klein p. 108. — Dalfi d'Alvergne (119) 6 Perdigon, ses vassalatge.
Arch. 32, 409. — Eble d'Uisel (129) 1 En Gui, digaz al ιvostre grat.—
id. 2 En Gui, digatz la qual penriatz vos. §. 85, 6. — d. 3. Gui, eus
part mon essien. — Enric (139) 1 Amics Arver, d'una ren vos deman. — Esperdut (142) 3 Seignen Pons de Monlaur, per vos. Arch.
34, 187. — Esquilha (144) 1 Jozi, diatz vos qu'es hom entendens. M. G.
1019. — Esteve (145) 1 Duy cavayer an prejat longamen. Dkm. I,
132. — Folquet (153) 1 Guirautz, don' ab beutat granda. M. W. IV,
234. — id. 2 Guiraut, pus em ab senhor cuy agensa. M. W. IV, 253.—
Folquet de Mars. (155) 24 Tostemps, si vos sabetz d'amor. — Gaucelm (165) 1 Cozin, ab vos voill far tenso. Für Gaucelm steht Gau-
seran C. 4, 6, 8. Arch. 34, 379. — id. 5 Jauseume, quel vos est semblant. Jedenfalls = 178, 1; Suchier, Dkm. I, 326. Interlocutor ist
Graf v. Bretagne. — Gaucelm Faidit (167) 42 NAlbert, eu˙sui en
error. — id. 44 NUc de la Bacalaria. M. W. II, 99. — id. 47 Perdigon, vostre sen digatz. M. W. II, 97. — Gausbert (171) 1 Peire Bremon, maint fin entendedor (R. V, 241). §. 85, 7. — Graf v. Provence
(184) 1 Amics n Arnaut, cen domnas d'aut paratge. M. G. 1305 A;
P. O. 106. — Graf v. Rodes (185) 2 NUgo, vostre semblan digatz.
Arch. 34, 185. — Gui (191) 1 En Mainart Ros, ab saubuda. Arch.
35, 101. s. Zs. IX, 129. Für Gui steht auch Guionet. — Gui d'Uisel
(194) 2 Aram digatz vostre semblan. s. Arch. 50, 256; Arch. 32, 417.—
id. 16 NEbles, pos endeptatz. Suchier, Dkm. I, 328. — id. 17 NElias,
a son amador. M. G. 696. — id. 18 NElias, de vos voill auzir. M. G.
695. — Guigo (196) 1 Ar parra si sabetz triar. M. G. 355. — id. 2
Joris, cil cui deziratz per amia. M. G. 585. — Guillem (201) 2 Guillem, d'un plag novel. Graf Richart, Interloc. v. Guillem, fehlt im B.
Grdr. Verz., s. §. 85, 9. — id. 5 Seigner Arnaut, d'un joven. Arch. 34,
381. — Guillem Augier (205) 1 Bertran vos c'anar soliatz ab lairos.
M. G. 534. s. Suchier, Jhb. XIV, 292. Zs. IX, 120. — id. 4 Guillem,
prims iest en trobar a ma guiza. Chrest. 71. — Guillem Gasmar
(218) 1 NEbles, ar chauzetz la meillor. Arch. 32, 416. — Guillem de
Mont. (225) 14 Senh'En Sordel, mandamen. M. W. II, 253. — Guillem de Mur (226) 5 Guillem de Murs, un enujos. Meyer p. 47. —
id. 7 Guiraut Riquier, pus qu'es sabens. M. W. IV, 243. — id. 8 Guiraut Riquier, segon vostr' escien. M. W. IV, 250; Milá 361. — Guillem P. de Cazals (227) 7 Bernart de la Bart' ancsem platz. Arch.
34, 401. — Guillem Raimon (229) 1 Del joi d'amor agradiu. — Guillem de St. Gregori (233) 5 Seignen Blacatz, de domna pro. M. W. II,

139. — Guillem de la Tor (236) 8 Seigner nImbertz, digatz vostr' escienss.
M. G. 660. — id. 12 Us amics et un', amia. M. W. III, 248. — Guionet
(238) 1 Cadenet, pro domn' e gaja. §. 85, 11. — id. 2 En Raimbaut,
pros domna d'aut paratge. Muss. 441. — id. 3 Peirols, dos baros sai.
Suchier, Dkm. I, 338. Die Namen wechseln zwischen Peire, Peirols
u. Pomairols auf einer Seite. s. 366, 24. — Guiraudo (239) 1 En
Giraldon, un joc vos part d'amor. Suchier, Dkm. I, 333. Tenzone
mit einem Grafen — Guiraut de Bornelh (242) 22 Bem plairia, seigner
reis. M. G. 822; (Milá 340). — Guiraut Riquier (248) 14 Aras s'esfors,
n'Eveyos, vostre sens. M. W. IV, 236. — id. 20 Coms d'Astarac, ab
la gensor. M. W. IV, 244. — id. 28 Falco, don' avinens. Falco kann
schwerlich mit Falco in 191, 2 identisch sein, wenn die Datirung von
Schultz (s. 125) richtig ist. — id. 34. Grainier, pus non puesc vezer
vos. §. 85, 8. — id. 36 Guillem de Mur, chauzetz d'esta partida.
M. W. IV, 241. — Guiraut de Sal. (249) 2. — En Peironet, vengut m'es
en coratge. Meyer 71. — Lanfr. Cigala (282) 14 Na Guillelma,
man cavalier a ratge. M. W. III, 127; Arch. 50, 257. — Lantelm
(283) 2 Raimon, una domna pros e valens. §. 85, 14. — Maria v. Vent.
(295) 1 Gui d'Uisel, bem peza de vos. M. W. III, 51. — Marques
(296 2 Guir. Riquier, a sela que amatz. M. W. IV, 240. — Oste (313) 1
Guillem, razon ai trobada. §. 85, 12. — Peire Torat (358) 1 G. Riquier,
si beus es luenh de nos §. 85, 13. — Peire Trabustal (359) 1 Amix
Raynaut, una donna valent. Meyer 128. — Peirol (366) 10 Dalfin,
sabriatz me vos. M. W. II, 30. — id. 17 Gaucelm, digatz m'al vostre
sen. M. W. II, 33. — id. 30 Seigner, qual penriatz vos. M. W. II, 32.—
Prebost de Val. (384) 1 Savaric, eus deman. Arch. 32, 418. — Pujol
(386) 1 Ad un nostre genoes. M. G. 191. Ich lese: Ad un nostre,
Genoes. Ist dieser, im weiteren Verlauf nicht genannte Dichter =
Geneys lo Joglar. Vz. 175. ? Genoes auch als Versteckname bei Arn.
v. Mar. — Raimbaut (388) 1 Albertet, dui pro cavalier. Arch. 34,
374. — id. 4 Aram digatz, Gaucelm Faidit. Suchier, Dkm. I, 331.—
Raimb. de Vaqu. (392) 29 Senhen Coine, jois e pretz et amors. Arch.
35, 102. — Raimon G. de Beziers (401) 6 Joan Miralhas, si dieus
vos gart de dol. M. G. 1018. — Raimon de Miraval (406) 16 Bertran,
si fossetz tan gignos. Arch. 34, 184. Raimon d. l. Salas u. Bertr.
d'Avignon. Zs. IX, 135. — Rainaut de Pons (414) 1 Seignen Jaufre,
respondetz mi, sius platz. Arch. 32, 412; s. Rev. d. lang. rom. 19,
255. — Rodrigos (424) 1 Ar chauzes de cavalaria. M. G. 322. Gehört dem Interloc. R. zu. Ist R. = Rain. de Tres Sauses? s. 359, 1.—
Rofian (425) 1 Vos que amatz cuenda domna plazen. M. G. 954. —
Rofin (426) 1 Rofin, digatz m'ades de cors. Arch. 34, 384. Unter
domna H. zu ordnen, die im Verz. fehlt. — Sifre (435) 1 Mir Bernart,
mas vos ai trobat. M. G. 1020. — Simon Doria (436) 1 Car es tan
conoissens vos voill. Arch. 34, 380. — id. 2 NAlbert, chauzetz la quals

mais vos plairia. §. 85, 10. — Sordel (437) 10 Bertran, lo joi de domnas e d'amia. M. G. 1267. Blumenlese 1. — id. 11 Doas domnas amon dos cavaliers M. G. 1268. — Str. 3 in J = Str 6 in R; Str. 4 in J = Str. 3 in R. — Uc (448) 1 Dalfin, respondetz mi sius platz. M. G. 458. cf. 45, 1. — Uc de la Bac. (449) 1 Digatz, Bertran de San Felitz. M. W. III, 213. — id. 4 Seigner Bertran, us cavaliers prezatz. Arch 34, 432. — Anonym (461) 16 Amics privatz, gran guerra vei mesclar. M. G. 318 — Aicard und Girard, Si paradis e enfernz son aital. Rom. Forsch. v. Vollm. I, 135; Suchier, Dkm. I, 297. — Ein Partimen „sur le mérite et les inconvénients de l'amour,“ welches Millot (III, 438) und Diez (L. u. W. 492) angeben, ist mir unbekannt. Die Anzahl der Part. ist 103.

## §. 64.

145] „Die Trobadors dichten häufig Tenzonen und teilen sich in einen Gegenstand der Liebe oder einen andern, der ihnen recht ist,“ sagt Aim. v. Peg. (6) in einem an Albert de Sest. gerichteten Partimen. Nur selten gefällt es jedoch den Trob. über spitzfindige Fragen der Minne und ritterlichen Galanterie hinauszugehen. Die verschiedenartigsten Erscheinungen und Wirkungen der Liebe, welche in den Canzonen die innere Gefühlswelt mehr oder minder bewegen, treten im Partimen gegen einander auf und ringen um die Superiorität. Die nur in Liebe begründeten Streitfragen gewähren einen rechten Einblick in die ars amandi der Trob. und bezeugen häufig die ekelhafte Lüsternheit eines Zeitalters der grössten Sittenfreiheit. Meist kämpft ein Genuss gegen den andern oder Genuss mit äusseren Ehren. Diez hat schon eine kleine Auswahl der Streitfragen gegeben. Ich ergänze dieselbe ohne ein bestimmtes Einteilungsprincip zu befolgen, nur wurden gleichartige Fragen möglichst zusammengereiht.

146] Was ist schätzbarer: Der Besitz der Liebesfreuden durch falschen Waffenruhm oder der wirklichen Waffenehre und Ritterlichkeit ohne Liebe 437, 10? Aehnlich 424, 1. — Ein Zaubermantel, welcher die Gunst jeder Dame gewinnt oder eine unfehlbare Lanze 196, 1? — Was ist schwerer zu ertragen: Schuldenlast oder Liebeskummer 218, 1? — Ist es ratsam die Geliebte in vertrauter Situation für den Gewinn von 1000 Mk. bei Zahlungsnot abzugeben 194, 16; den Reichtum für die höchste Liebesgunst 165, 1? — Was ist angenehmer in Gunst oder Geschenken zu steigen 248, 36? — Ist Wissenschaft oder Unwiderstehlichkeit bei Damen vorzuziehen 248, 14; eine gute Kleidung im strengen Winter oder hübsche Dame im heissen Sommer 129, 2? — Was ist höher zu achten: Die Liebe oder die eigene Kraft als Triebfeder hoher Taten 313, 1? — Gebührt

einem treuen Werber dieselbe Gewalt über seine Geliebte wie
dieser über ihn 295, 1? — Ist die Gewissheit der Liebe ohne
Genuss oder Liebesgenuss mit dem Gedanken des Missfallens
angenehmer 248, 28? — Welche Qual führt eher den Tod her-
bei: Die Gesellschaft des Martin Algai ein Tagesdrittel oder
Liebesgunst der Geliebten eine Adventsnacht 129, 3? — Ein
edler Ritter, der lange versäumt hat seine Dame zu besuchen
ist ihrer Ungnade gewiss, wenn er vor ihr erscheint. Soll er
in diesem Zustande verharren oder sie wiedersehen um sie zu
verlieren 449, 4? Sind die Freuden oder die Leiden der Liebe
grösser 16, 16? — Was ist angenehmer: Die erbetene oder ange-
botene Huld 449, 1? ähnlich 153, 1. — Ist es einer Dame höher
anzurechnen, dass sie sich von der Aufrichtigkeit des Geliebten
erst überzeugt oder die Freundschaft gleich gewährt 236, 8.
366, 30? — Was ist besser: Geliebt zu hassen oder gehasst zu
lieben 248, 20? — Wem ist grössere Wichtigkeit in Liebesdingen
beizulegen: Dem Auge oder dem Herzen 249, 2? — Ist es vorzuziehen, dass der Liebende das Herz der Dame kennt oder
umgekehrt 225, 14? — Was ist höher zu schätzen: Eine Dame
durch grosses Wissen oder durch Kühnheit zu gewinnen 436, 1? —
Was ist besser: Der Freundin Tod oder Leben in Untreue 194, 18?
Mit der Freundin zu sterben oder ein durch ihren Tod trost-
los gewordenes Dasein 236, 12? — Der Tod um den Genuss der
Liebesgunst oder ewige hoffnungslose Liebe 425, 1? — Ist die
Liebe zu alten oder jungen Damen vorteilhafter 75, 3? — Ist
eine Dame wegen ihres Alters aufzugeben 1, 1? — Wegen zu
grosser Sprödigkeit 77, 1; 358, 1? — Wegen Hinhaltung durch
Liebesheucheleien 75, 2? — Soll sich ein Liebhaber einer Dame
zuwenden, welche unter der Bedingung ihre Liebe schenkt,
dass man von einer andern, unerwiderten Liebe ablasse 10, 3?
s. L. u. W. 296. — Ist eine leicht gewonnene einer lange geliebten Edelfrau vorzuziehen, welche erst durch Eifersucht zur
Gewährung derselben Gunst angetrieben wird 384, 1? — Ver-
bietet eine Unholde in guter oder böser Absicht sich um eine
andere Dame zu bemühen 185, 2? — Wer muss sich mehr seiner
Liebe würdig zeigen: Ein glücklicher Liebhaber oder wer es
werden möchte 388, 1; oder gute Hoffnung darauf hat 226, 7;
dem nur Gutes oder nur Uebles zu Teil wird 10, 28? — Ist
eine Dame vor oder nach dem Genuss der Liebe mehr zu lieben 366, 10? — Wer liebt fester: Derjenige, welchen unerwi-
derte Liebe zu Grunde richtet oder zur Erhöhung seines Wertes
anfeuert 238, 1; der nicht umhin kann überall von seiner Dame
zu reden oder seine Liebe in stiller Bewunderung verschweigt
52, 4? — Welchen Geliebten soll eine Dame annehmen: Der seine

Liebe gesteht oder es nicht wagt 392, 29? — Welche Dame ist lobenswerter, die eine zwingt die Macht der Liebe zum Kuss, die andere wagt es nicht ihre Absicht auszuführen und weint 157, 42? — Wem erzeigt eine Dame grössere Liebe: Dem sie giebt oder von dem sie nimmt 229, 1; dem sie befiehlt sich Waffenruhm zu erwerben oder lediglich ihr zu leben 437, 11? — Welche Liebe ist vorzuziehen: Welche Ehre oder Genuss verspricht 97, 4; 171, 1; 233, 5; 239, 3; 248, 34; 414, 1? — Ist geheimer Genuss neben einem öffentlich geehrten Nebenbuhler annehmbar 167, 44? — Der sonderbare Liebesbrauch, welchen Diez L. u. W. p. 58 A. 2 bespricht, gab Veranlassung zu drei Partimen: Ist eine solche Nacht dem Genuss der kurzen, höchsten Liebesgunst vorzuziehen 366, 17? — Ist es empfehlenswerter den Schwur zu halten oder ihn zu brechen 10, 37; 426, 1? — Ist eine von ihrem Eheherrn eifersüchtig bewachte oder eine sich selbst überlassene Gattin leichter zu gewinnen 461, 16? — Welcher von zwei eifersüchtigen Gatten ist mehr zu tadeln: Der eine hütet eine hässliche unhöfliche Dame, der andere eine treffliche 167, 47? — Ist die Eifersucht des Gatten oder der Gattin besser 226, 5? — Ist es besser Jungfrau zu bleiben oder zu heiraten 12, 1; Buhle oder Gatte 194, 2, Gattin oder Buhlerin 359, 1 zu sein. Ist als Buhle der Herzensfreund oder Todfeind des Gatten eher zu wählen 388, 4? — Ist von einer Dame ein durch die Liebe zu unsinniger Verschwendung oder besonnener Spendung veranlasster Ritter vorzuziehen 16, 15; der Reiche dem Armen 145, 1; 201, 2; 242, 22; ein ritterlicher Mann niederen Standes einem elenden Baron 119, 6; ein Ritter, welcher nur Tapferkeit besitzt einem andern, der alle Tugenden in sich vereinigt und feige ist 238, 2; ein hochtrabender, weltgewinnender Ritter einem einfachen, weniger geschätzten 139, 1? — Welche Dame ist vorzuziehen: Eine ledige, welche ohne Zeichen ihrer Gunst liebt oder eine, welche Liebesbeweise giebt aber noch ausserdem Liebhaber hält 155, 24; eine reichere mit einem Geliebten oder eine ärmere ohne einen solchen 201, 5; eine weniger anmutige aber in jeder Hinsicht aufrichtige Dame niederen Standes, oder eine artige, gefällige Heuchlerin 129, 1; ein hübsches, in Liebessachen aber unerfahrenes Mädchen, oder eine im Liebesdienst schon erfahrene Dame 142, 3; eine schöne unerfahrene oder weniger schöne erfahrene Dame 75, 5; eine Dame von schönem Wuchs und hässlichem Gesicht oder von vollendeter Gesichtsschönheit aber unebenmässigem Wuchs 24, 1? — Mehrere Partimen sind wegen zu lasciven Tones unmitteilbar 144, 1; 153, 2; 165, 5; 184, 1; 196, 2; 401, 6; 435, 1; 436, 2.

## §. 65.

147] Streitfragen, in welchen die Liebe ganz ausgeschlossen ist, erscheinen verhältnissmässig selten: Verdient das Ja oder Nein mehr Ehre 8, 1? — Welcher Baron thut besser: Derjenige, welcher den Seinigen oder Fremden spendet 226, 8? — Welchem von zwei Rittern soll man seine Freigebigkeit höher anrechnen: Der eine kann aus eigenen Mitteln seine Ausgaben bestreiten, der andere muss rauben um zu schenken 191, 1? — Was ist vorzuziehen: Ueberall reiche Geschenke nach Verdienst und aus gutem Herzen zu empfangen oder selbst Geschenke geben zu können ohne aber Dank zu ernten 227, 7? — Ist Geld und Gut oder die Wissenschaft der sieben Künste höher zu schätzen 205, 4? — Von zwei tüchtigen Baronen hat sich der eine aus niederer Stellung emporgeschwungen, der andere ist in hoher Gesellschaft aufgewachsen: Wer hat grösseres Verdienst 238, 3?

148] Von diesen Discussionen über weltliche Gegenstände weicht ein Gedicht zwischen Aicard und Girard ganz ab: Freund Girard, wenn Himmel und Hölle so sind, wie wir täglich hören, möchtet ihr alsdann lieber den Anblick der Himmelsfreuden oder Höllenqualen haben?" Girard hofft durch die Kenntniss der ersteren eher zum Gottesdienst angehalten und ihrer dadurch teilhaftig zu werden. Aicard glaubt hingegen, dass der Anblick der Qualen, welche nach seiner Meinung Sarazenen und Juden erleiden, ihm ein grösserer Sporn sein werde Gott zu dienen und die Sünde zu meiden. Girard hält das Motiv der Furcht für verwerflich, da nur reine Liebe den Himmel erwerbe.

149] Zwei Partimen verdienen als culturgeschichtliche Denkmäler besondere Beachtung, wenngleich die Charakterzeichnung der darin besprochenen Nationen auch nicht ganz treu sein mag. Zeitlich das erste ist jedenfalls das Partimen Raimons de Mir. mit Bertran Folco d'Av. (Bertr. d'Alam., Diez, L. u. W. 319). Es behandelt die Frage, ob die Lombarden oder Provenzalen mehr Ansprüche auf den Ruf der Tapferkeit, ritterlichen Gesinnung und höfischen Lebensart machen könnten. Bertran wirft sich zum Verfechter der Lombarden auf indem er ihnen jene Vorzüge in allgemeinen Worten zuerkennt. Auf den Einwurf Raimons, dass die Provenzalen Freigebigkeit hochhielten, durch ihre Tapferkeit Symon das Land entreissen, den Tod ihres Herrn rächen und dem Grafen seine Ehre wiedergewinnen würden, erwidert Bertran — obwohl mit Unrecht — man habe ihre Tapferkeit bei Belcaire gesehen, wo Symon sie trotz ihrer doppelten Streitkraft in Furcht gesetzt und zur Herausgabe der Besatzung genötigt habe. Raimon sucht darauf noch die Prachtliebe, Gastfreundschaft und Freigebigkeit der Provenzalen zu schützen. Als er auch in der Lobpreisung dieser Tugenden durch das angegebene Gleichgewicht der Lombarden entkräftet wird, geht er. zu einem Punkte über, gegen welchen sein Gegner nichts einwendet: Pflege der Poesie. Seine Erhebung der prov. Frauen wird jedoch durch die Bemerkung Bertrans verbitttert, dass diese es liebten die Kinder Anderer von ihren Gatten ernähren zu lassen. — Das Gedicht ist nach 1216 entstanden, da in diesem Jahre des gedachten Symon v. Montf. Ungestüm an der tapferen Gegenwehr des Grafen v. Toulouse bei Beaucaire scheiterte.

150] Ein ähnliches Thema behandelt Albert de Sest. (16.) mit Monge (L. u. W. 448). Sie disputiren über die Vorzüge der Catalanen (Gascogner, Provenzalen, Limosiner, Alvergnaten und Vienneser) und Franzosen, (wozu er die Poiteviner rechnet). Einige wörtliche Anklänge und überhaupt die Aehnlichkeit der Frage lassen vermuten, dass das eine Gedicht unter dem Einfluss des andern entstanden ist, obwohl beide formell nichts gemein haben. Auf Seiten der Catalanen, deren Partei Alb. v. Sest. ergreift, werden Geselligkeit, Frohsinn und Frauendienst gerühmt und von Monge dagegen Armut in Lebensbedürfnissen und deren Gewinnung durch Strassenraub getadelt; auf Seiten der Franzosen stehen üppige Lebensweise, Reichtum in Waffenrüstung und Kühnheit als Vorzüge und ihnen gegenüber als Schattenseiten ihr düsteres Gemüt und Mangel an Leutseligkeit.

## §. 66.

151] Obgleich die Partimen gewöhnlich nach Art einer theoretischen Discussion über gesetzte Fälle disputiren, so ist doch nicht zu verkennen, dass einzelne gerade mit Rücksicht auf die Lebenslage des Herausgeforderten angelegt und mit Ironie gemischt sind (129, 2; 194, 16; 248, 36); in 205, 1 wird Bertran, der zunächst als Räuberheld und Wegelagerer geschildert wird, gefragt, welches Geschäft mehr einbringe, Räuber oder Jongleur zu sein; in einem Partimen zwischen Cavaire und Bonafos (111, 1) handelt es sich für letzteren um die Wahl zwischen einer hübschen Dame und zehn ihm schädlichen Bürgern von Orlac. In letzten beiden Gedichten kommen natürlich die Gegner zu heftigen persönlichen Erklärungen.

## §. 67.

152] Es erübrigt noch einiger Eigentümlichkeiten zu gedenken. Unter den wenigen uns erhaltenen Novellen dient eine als Einleitung zu einem Partimen zwischen Lanfranc Cigala und Guillelma v. Rozers (284, 14). Sie war früher nur aus einer Uebersetzung in der Hist. litt. de Troub. II, 163 bekannt, jetzt gedr. Arch. 50, 256. Der Verfasser hat es verstanden geschickt das Dilemma der Streitfragen des Partimen hineinzuverweben: Zwei durch Geist, Mut, Reichtum und Gastfreundschaft weithin im Rufe stehende Barone lieben zwei Damen und machen sich ihrer Liebe durch manche löbliche Tat, Hoffeste und Tourniere würdig. Eines Tages werden beide von ihren Damen zur nächtlichen Zusammenkunft eingeladen und versprechen ihren Besuch. Trotz ihrer Uebereinkunft, dass stets einer zur Bewachung des Schlosses und Bewirtung der Gäste zurückbleiben solle, machen sich beide Barone bei Nacht und Nebel auf den Weg zu dem, drei engl. Meilen entfernten, Schlosse ihrer Geliebten. Bald begegnen ihnen irrende Ritter, welche sich über die Vorzüge der Barone unterhalten und auf gute Beherbergung in ihrem Schlosse hoffen. Nach langem Schwanken kehrt der eine, vom Mitleid gerührt, zum Schlosse zurück um seine Gäste zu bewirten, der andere setzt seinen Gang zur Geliebten fort. Lanfr. Cigala, dem dieses Abenteuer genau bekannt war, verhandelte in einer Tenzone mit G. v. Rozers die Frage, welcher von beiden Baronen mehr Lob verdiente. — Guillelma verficht gegen Lanfr. denjenigen, welcher die Geliebte besucht. In der Torn. erklärt sich Lanfr. unter allen Umständen für besiegt.

153] Einige Partimen weichen in ihrer Einrichtung ganz von der regelmässigen Art ab. Peire Torat bittet in mehreren Strophen, die zugleich persönliche Mitteilungen enthalten, den fern wohnenden G. Riquier um Auskunft, ob es billig sei sich einer Dame zuzuwenden, welche nur unter der Bedingung alle Bitten gewähren will, dass man von einer andern Geliebten, der man lange erfolglos gedient, ablasse (358, 1). Guiraut rät ihm in ebenso vielen Strophen gleicher Form im Dienst der ersten auszuharren. Das Gedicht ist unten §. 85, 13 beigefügt.

154] Aehnlich wird von Uc (wahrsch. v. St. Circ, s. Biogr.), resp. Bauxan, dem Delphin v. Auvergne eine Frage in fünf Strophen vorgelegt (448, 1). Es handelt sich darum zwischen vier Liebesverhältnissen, die näher charakterisirt sind, das beste auszusuchen. Der Delphin giebt seine Meinung in entsprechend

längerem Gedicht von sechs Strophen ab und Uc antwortet
darauf in sechs weiteren Strophen. Den Wechsel der Strophenform der Erwiderungen s. am Schluss.

155] In 194, 18 sind zwei Partimen verknüpft worden.
Nachdem nämlich Elias Str. 2 das Leben der Geliebten in Untreue ihrem Tode in Ehren vorgezogen, fügt er Str. 3 für Gui
d'Uisel gleich eine Frage über einen „neuen Gegenstand" an:
Ist es besser eine treffliche Dame einen Tag des Sommers oder
eine Adventsnacht zu besitzen? s. 129, 3. Darauf gehen die
Dichter noch dreimal auf die Behandlung der Streitfragen ein,
indem sie jedesmal in zwei Coblen mit den entsprechenden Reimen antworten.

## §. 68.

156] Als Mittelglied der Partimen zwischen zwei Dichtern
zu solchen zwischen drei Dichtern (Torneyamen) schliessen sich
hier zwei Gedichte an, welche noch von zwei Dichtern verfasst
wurden, aber eine Dreiteiligkeit der Frage enthalten (283, 2;
97, 3). Ersteres, von einem unbedeutenden Dichter Lantelm
und einem nicht näher bezeichneten Raimon, bezieht sich auf
die Frage, wer mehr Schmerzen erleidet, der ertappte und ver-
triebene Buhle, die Gattin oder deren eifersüchtiger Gatte.

157] Das wahrsch. ältere Gedicht des Blacatz mit P. Pe-
lissier behandelt die Frage, welchem von drei Dieben es am
schlechtesten erging: Der erste stahl zwei Capaune und verlor
dafür den Fuss und die rechte Hand, der zweite wurde für die
Entwendung von 2 Pfennigen gehängt und der dritte für den
Raub einer Lanze und Mönchskutte des Klosters geblendet
(97, 3). Dieses sind die einzigen Beispiele dreiteiliger Fragen.
Sie wurden jedenfalls deshalb nicht mehr gestellt, weil ihre
Beantwortung und Erörterung für zwei Dichter zu grosse
Schwierigkeiten darbot. Entweder war ein Dichter gezwungen
(wie in 283, 2) die Verfechtung zweier Teile zusammen zu
übernehmen und dann war die Partei ungleich, oder es musste
auf eine weitere Discussion nach Beantwortung der Frage ver-
zichtet werden. Letzteres geschieht thatsächlich in 97, 3, wo
selbst die einzige Erwiderung nicht einmal eine präcise Beantwortung der Frage ist, indem Pelissier für die drei Diebe nur
Vorteile in der Strafe erkennt. ·

158] Auffällige Uebereinstimmung zeigt nun dieses Part.
mit einem Torneyamen zwischen Raimb. de Vaqu., Ademar und
Perdigon. (392, 15). Wie es sich dort um drei verwerfliche
Diebe handelt, so streitet man hier um den löblichsten von drei

Baronen, deren Eigenschaften näher geschildert werden. Gleich-
heit in Versmass und Reim bestätigen zur Genüge, dass ein
Gedicht das andere als Vorlage benutzt hat oder wenigstens
unter dessen Einwirkung entstanden ist. An eine Parodie des
Torneyamens (392, 15) ist kaum zu denken. Man würde von
einer natürlichen Behandlungsweise zu einer unbequemen, un-
natürlichen, zurückgeschritten sein. Da ein zeitliches Hinderniss auch nicht vorliegt, dem Partimen des Blacatz die Priorität
einzuräumen und Raimbauts Gedicht das erste uns überlieferte
Torneyamen ist — denn es muss vor 1207, Raimbauts vermut-
lichem Todesjahr, entstanden sein — so ist es evident, dass
Raimb. de Vaqu. auf Grund von Blacatz' Partimen jene Umänderung in der Verteilung der Rollen von zwei auf drei Personen vornahm und damit Schöpfer des Torneyamen wurde.

Fingirte poetische Gespräche zwischen mehreren Personen
kommen zwar auch in früheren andern Litteraturen vor, allein
der Trobador bedurfte solcher Vorbilder nicht, um einmal vor-
handene Formen weiter auszubilden, besonders wenn das Be-
dürfniss grösserer dramatischer Lebendigkeit hinzukam.

## Torneyamen.
## §. 69.

159] Streng genommen, sind wir nicht berechtigt diesen
Namen zu gebrauchen, weil er nur als Ueberschrift in den
Handschriften, nicht aber in den Gedichten selbst vorkommt
und auch wohl kaum in der übrigen Litt. für diese besondere
Art des Partimen zu belegen ist.

Die betr. Gedichte sind folgende: Guillem (201) 6 Vos dos
Guillems, digatz vostre coratge. Suchier, Dkm. I, 330. Tenzone mit
R[ain]au[t], also Nr. 412 resp. 413 gehörig. — Guiraut Riquier (248)
11 An Miquel de Castilho. §. 85, 15. — id. 74 Senh' En Austorc, de
Boy lo coms plazens. M. W. IV, 254. — id. 75 Senh' En Enric, a vos
don avantatge. M. W. IV, 238. — id. 76 Senh' En Enric, us reis un
ric avar. M. W. IV, 248. — Raimb. de Vaqu. (392) 15 En Ademar,
chauzetz de tres baros. Arch. 32, 411. Fehlt unter Perdigo. — Savaric
de Malleo (432) 2 Gaucelm, tres jocs enamoratz. Chrest. 155. Fehlt
unter Uc d. l. Bac. —

Vier Interlocutoren sind nur zweimal zu verzeichnen: Guillem
de Mur (226) 1 De so don ieu sui doptos. M. W. IV, 246. — G.
Riquier (248) 77 Senhen Jorda, sieus manda Livernos. M. W. IV, 233.
Levy, Paulet de Mars. p. 26.

## §. 70.

160] In sechs Torneyamen (201,6; 248,11; 248,75; 248,76; 392,15; 432, 2) werden in erster Strophe beide Interlocutoren mit Namen angeredet und nach Art der Partimen zur Wahl zwischen drei Controversfragen aufgefordert. Mitunter wird auch der Gang der Verhandlung bestimmt, indem der Frage-steller einem seiner beiden Gegner den Vorteil der ersten Wahl überlässt: Senhen Enric a vos don avantatje — D'aquests tres jocx, pueys a NMarques la tria (248, 75); Seigner NAesmar chausez de tres baros — Cal presaz mais e respondez primers — Et aprob vos responda en Perdigos (392, 15). In den übrigen Fällen wählt der zuerst Angeredete zunächst, dann der zweite Dichter, wonach dem Frageſteller die Verteidigung des dritten Satzes übrig bleibt. Jeder Dichter spricht zwei- höchstens dreimal, seine eigene Entscheidung erhebend, die beiden andern mit Gründen verwerfend.

161] Inhaltlich steht das Torneyamen dem Partimen selbst-verständlich sehr nahe. Nur in Minne begründet ist das von der prov. Biographie (M² p. 46) gedeutete Torn. zwischen Sav. de Mal., G. Faidit und Uc de la Bac. (432,2; L. u. W. 328 ); ebenso das schlecht überlieferte, p. 109 mitgeteilte, zwischen G. Riquier, Miquel de Cast. und Condolet, einem im Verz. noch nicht aufgeführten Dichter 248, 11. Von den drei Rittern bei Raimb. de Vaqu. (15) zeichnet sich der eine durch Freigebig-keit und Ruhmsucht aus, der andere ist ritterlich und eben-falls freigebig aber minder prachtliebend, der dritte glänzt in Waffenehre, Rüstung und Geselligkeit. Rainaut legt ihnen andere Eigenschaften bei: Glück im Spiel, in der Liebe, in Waffen (201, 6). Guir. Riquier entscheidet mit Enric (II. v. Rodes), und Marques über den Vorzug zwischen Besitz alles Wissens, unbedingtem Sieg in Waffen und Fähigkeit, Freige-bigkeit zu üben (248, 75). Ein anderes Torn., in welchem für Marques der Herr v. Alest eintritt, soll unter drei Uebeln das schlimmste bestimmen: Welchem von drei Königen, die in Missbehagen leben, erging es am schlechtesten: Der erste, ein reicher Geizhals, ist gezwungen freigebig zu sein; der zweite möchte gern Ruhm erwerben und kann nichts zu dessen Er-langung thun; der dritte hat sich Gott ergeben und kann ihm nicht nach Gefallen dienen (248, 76).

162] Ein Torneyamen, an welchem nach dem Verz. im Grd. G. Riquier, Rainart und Austorc beteiligt sind, weicht insofern von obigen Torn. ab, als in erster Cobla nur eine Per-son (Austorc) zur Antwort aufgefordert wird und die Wechsel-

rede sich zwangloser fortbewegt. Guiraut wünscht von Austorc
Aufschluss über den Grund von Guillem's de Mur Berufswechsel
und befürchtet, Guillem habe sich mit dem Grafen entzweit.
Der Graf v. Boy scheint nämlich Guillem aus seinen Diensten
entlassen zu haben. Austorc giebt Str. 2 teils dem Eigensinn
Guillem's, teils dem Mangel an Erkenntlichkeit des Grafen die
Schuld und glaubt Guiraut sei froh über die Entfernung eines
Kunstgenossen, welcher Alle übertreffe. Darauf sieht sich der
Graf veranlasst sich in den Disput zu seiner Rechtfertigung
einzumischen. Er berichtet, Guillem habe Pflug und Karst dem
höfischen Leben vorgezogen, weil er besseren Gewinn von seiner
Hände Arbeit erwarte (248, 74). Das Gedicht hat besonders biographische Wichtigkeit wegen der Erklärungen über
Guillem's Charakter und Lebensverhältnisse. Wie aus dem
Zusammenhang hervorgeht, ist der Str. 3 und 9 mit dem Namen Rainart Angeredete identisch mit Austorc. Irrtümlich
ist dieser Dichter im Verz. (No. 38 und 412) doppelt aufgeführt
worden, während dem Grafen v. Boy noch keine Stelle im Verz.
der Troub. eingeräumt ist.

## §. 71.

163] Aehnlich in seiner Entstehung und deshalb bemer-
kenswert ist ein Gedicht zwischen vier Interlocutoren: Guillem
de Mur, G. Riquier, Marques und Senher. Zunächst möchte
G. de Mur von G. Riquier Mitteilung über den Wert seiner
gepriesenen Liebe haben; sein Herr klage über den langen,
vergeblichen Dienst. Guiraut streut nun in seine Antwort Bemerkungen über den Unwillen des Senher gegen die Liebe und
Marques' Stellung zu derselben ein. Hiedurch werden beide
zur Entgegnung genötigt. Die Ansichten über die Liebe werden
dann noch in 4 weiteren Coblen und 4 Torn. ausgesprochen,
unterbrochen durch persönliche Neckereien (226, 1).

164] Das zweite Gedicht zwischen vier Unterrednern (248,77)
gehört ebenfalls der späteren Zeit an. In erster Strophe fordert G. Riquier drei Dichter folgendermassen auf: Jordan,
wenn euch Livernos und Lautresc an gleichem Tage zum Besuch einlüden und Izarn in gleicher Weise die Marquesa und
Na Saissa und Paulet der tüchtige König Alfons und der Be-
herrscher Apuliens in der Absicht euch zu beschenken: Wohin würdet ihr euch wenden? Nachdem die Dichter ihre Erklärungen in je einer Strophe gemacht, giebt Guiraut in Str. 5
seine Meinung darüber ab. Chabaneau hält Jordan mit Recht

für denselben Jordan, Herrn v. lla, welcher 248, 20 zum Schiedsrichter ernannt wird. Ob dieser aber identisch ist mit dem Jordan, welchen man bei der Belagerung von Peralada (1285) unter den Rittern nennt (bei Levy p. 31) wage ich nicht zu entscheiden. Mehrere Anzeichen deuten auf eine frühere Zeit.· Das Gedicht als Ganzes unterscheidet sich bedeutend von dem eigentlichen Torneyamen. Während in diesem alle beteiligten Dichter ihren erkorenen Satz wechselseitig gegen einander behaupten indem sie auch jedesmal auf die Erklärungen aller übrigen Kampfgenossen eingehen, stellt hier Guiraut jedem der genannten Dichter ein Partimen für sich, von welchem jeder im weiteren Verlaufe seinen Teil nur gegen Guiraut hätte verteidigen müssen, eine Anlage, die aber nicht durchzuführen war. Diese sind die einzigen Beispiele von Streitgedichten unter vier Personen. Beide, und besonders das letztere, lassen den verunglückten Versuch erkennen auch das Interesse an dieser Gattung der prov. Lyrik wieder zu heben.

**Razonamen** *).

**§. 72.**

165] In der zweiten Cobla wurde von dem Interlocutor, oft schon unter Angabe eines ihn bei der Wahl leitenden Gedankens, gewählt. Die Verteidigung des erkorenen, bezw. übrig gebliebenen, Gegenstandes, welche von da ab begann, nennen die Dichter Razonamen (226, 7; 238, 3; 366, 30). Es ist natürlich, dass dieses inhaltlich ganz dem Charakter der übrigen lyrischen Poesie entspricht. Handelt es sich um Liebesfragen, so finden wir dieselbe Verschiedenartigkeit der Ansichten über die Liebe und ihr Wesen wieder, wie in den unter verschiedenen Verhältnissen und Gemütsstimmungen verfassten Canzonen. Auch die Partimen, welche die Liebe gegen Waffenruhm, Reichtum oder Wissenschaft oder die letzteren unter sich abschätzen, operiren ganz mit den zeitgemässen Begriffen. Mit wenigen Ausnahmen — als höchste muss das älteste, zeugnissreiche Partimen 205, 4 bezeichnet werden — geben Genuss, Vorteil, Glanz, Ruhm, äussere Ehre, Unüberwindlichkeit bei der Wahl und mithin auch bei der Verteidigung den Ausschlag. Selbstverständlich treten diese Begriffe unter den mannigfachsten Umständen, je nach der Art der Streitfrage, auf.

---

*) Auch einige Stellen aus den übrigen Arten der Tenzone sind in folgenden §§. angeführt.

## §. 73.

166] Am gewöhnlichsten ist die Art des Razonamen, welche die Ueberlegenheit des erwählten Gegenstandes nur nach subjectiven Anschauungen und Gefühlen beweist. Die Dichter bringen unter stetiger Bezugnahme auf die gegnerische Partei die für ihre Ansicht sprechenden Beweise, ohne jedoch die Argumente durch Berufung auf ähnliche Fälle und dergl. zu stützen.

167] Andere hingegen begnügen sich nicht mit der Anbringung persönlicher Ansichten, sondern halten sich mit einer bewundernswerten Schlagfertigkeit eine Fülle aus der Natur der Liebe entsprungener und durch Erfahrung anerkannter Sentenzen und Devisen entgegen. Zuweilen geschah dieses unter Hinweis auf die Allgemeingültigkeit: segon que digon li auctor 52, 3; e trobas ho legen 194, 18; 226, 5. Es würde jedoch ein müssiges Thun sein hierfür Citate zu bringen, da sich dieselben Fälle in zahlreichen Canzonen vorfinden.

168] Oft bekräftigen die Trob. ihre Aussagen durch Erfahrungssätze allgemeinerer Art. Die Streitgedichte bergen daher einen reichen Schatz volkstümlicher Philosopheme unter welchen sich einige ausdrücklich als wirkliche Spruchweisheiten (reproier) ausgeben: 1, 1; 112, 1; 119, 5; 205, 4; 242, 22; 305, 7; 323, 4; 372, 4 (Cons.); 460, 1 u. f.

169] Jene Volksweisheit spricht sich auch in mehreren nabeliegenden, meist dem Leben der Natur entnommenen Bildern und Vergleichen aus. Im Allgemeinen ist jedoch zu bemerken, dass die Bildersprache dem Streitgedicht weniger eignet, wie den übrigen Gattungen der prov. Lyrik. Ich verweise auf die demnächst erscheinende Untersuchung über die Bilder und Vergleiche im Prov. von C. Stössel. Aus der Tiersage sind vier Beispiele angezogen: Fuchs und Kirschbaum 10, 19; 70, 32. Rainart — Isengrin 422, 2; 438, 1.

170] Von Namen und Stoffen des Altertums, auf welche die Streiter bei der Beweisführung Bezug nehmen, nenne ich Adam 359, 1. David 248, 14; 451, 1. Gebot (5.) 359, 1. Irops 248, 14. Judas 129, 3; 392, 29. Salomon 205, 4; 248, 14; 451, 1. Simson 248, 14; 359, 1. — Alexander 191, 1; 205, 4; 238, 2; 248, 75. Aristoteles 205, 4. Cato 8, 1. Darius 248, 36. Helena 238, 2. Ovid 451, 1. Paris 84, 1; 248, 36; Porus 205, 4. Priamus 238, 2. Tantalus 283, 2. Tyrus 165, 1. Virgil 205, 4.

171] Aus dem bretonischen und franz. Sagenkreise gelten als Repräsentanten für die verfochtenen Ansichten: Artur 248, 76. breton. Hoffnung 414, 1. Tristan und Isolde 366, 10. — Aiol 98, 1.

Auchol (?) 401, 6. Andreus 16, 16. 236, 12. 249, 2. Gui de Nanteuil 282, 13. Olivier 15, 1. Roland 15, 1. 196, 1. 238, 2. Piramus und Thisbe 425, 1. Die Bedeutung dieser Persönlichkeiten geht meist aus den (§. 64. 65. 70) angegebenen Streitfragen hervor.

172] Von Zeitgenossen oder Persönlichkeiten der prov. Vergangenheit werden als Beispiele gebracht: Alfons X 226, 8. Bertran 8, 1. Borrel 441, 1. Charles Nintrec (?) 191, 1. Delphin v. Auv. 388, 1. Durban 97, 3 (s. 343, 1). Friedr. II 436, 2. Guiraudet lo Ros 248, 77. Hugo del Bauz 8, 1. Jaufre Rudel 249, 2. 425, 1. Joans 145, 1. 292, 1. König von Marocco 436, 2. von Ungarn 165, 1. Perol 8, 1. Raimon 8, 1. Andere wurden schon im Vorigen genannt. Zuweilen werden auch Widerlegungen aus dem Leben und den Schriften des Gegners entnommen 10, 19. 16, 16. 70, 32. 167, 47.

### Jutjamen.

### §. 74.

173] Es scheint ein Princip des Razonamen gewesen zu sein, dass der Gefragte die Einwürfe des Fragestellers oder Herausforderers jedesmal erwiderte; daher schliessen die Streitgedichte mit wenigen Ausnahmen mit einer geraden Strophenzahl ab. Es stand mithin dem herausfordernden Dichter frei, den Liederstreit nach Belieben zu beendigen und in den üblichen Tornaden nach Gutdünken seinerseits einen Richter zu ernennen*). Der Mitstreiter erklärte sich alsdann entweder damit einverstanden oder fügte für seinen Teil noch Richter hinzu.

174] Selbstverständlich schien die Richterwahl nur für diejenigen Gedichte geboten, welchen eine dilemmatische Streitfrage zu Grunde lag. Diejenigen Streitgedichte, welche sich in der freieren Wechselrede eines Zwiegesprächs bewegten oder sich um persönliche Angelegenheiten drehten, waren überhaupt nicht zur Beurteilung geeignet. Auffällig erscheint es daher, wenn das Jutjamen unter der Definition von tenzo in den Leys besprochen wird. Entweder hat dem Verfasser der Leys der generelle Begriff von tenzo vorgeschwebt oder es haben vielleicht Reminiscenzen an jene Jutjamen, welche über brieflich

---

*) In 97, 12 und 155, 24 wird nur vom zweiten Dichter, also in 2. Torn. gewählt und in 194, 18 und 359, 1 der Tornadengedanke schon in letzter Cobla ausgedrückt.

vorgetragene Liebeshändel gefällt wurden (Grdr. §. 29), die Besprechung des Jutjamen unter „Diffinitio de tenzo" bewirkt. Aber selbst unter den etwa 100 Fällen, wo eine Richterwahl zulässig war, werden nur ca. 50 dem Urteil von Schiedsrichtern übergeben; in den übrigen lassen es die Dichter oft einfach bei der Discussion bewenden oder gefallen sich in dem Gedanken gesiegt und die Verständigen für sich gewonnen zu haben. Die Richter des Gesanges sind:

175] Agnesina 426, 1 — na Aldenai 239, 1 — na Audiart 97, 12 — Azalais 236, 12 — Azalais (Poncelleta?) 238, 3 — Balairis, na 139, 1 — Beatrix v. Este 10, 3, 194, 18 — Berenguier v. Tarascon 359, 1 — Blacatz 8, 1 — Capa, domna 233, 5 — Castel de Sinha 249, 2 — Cobeitoza 426, 1 — Comtessa von? 449, 1 — Conja 236, 12 — Cort de Peirafoc 249, 2 — Dardasier, en 248, 34 (s. 358, 1) — Delphin 167, 44; 167, 47; 239, 1; v. Auvergne 185, 2 — Ebles 145, 1 — Eble de Sinhas 163, 1 (estrif) — Eleonore 248, 36 — Emilie v. Ravenna 10, 3 — Enrix 226, 8; 248, 36 — na Flors 436, 1 — Gardacors 432, 2 — Gaucelm Faidit 119, 6 — Gaucelma 155, 24 — Geliebte ohne nähere Angabe 227, 7 — Graf von Astarac 248, 76 — : Comunge 153, 2 — : Fau (?) 10, 28 — : Provence 225, 1 — : Vellin 82, 14 (fing. Tenz.) — : Urgel 305, 13 (fing. Tenz.) — Gräfin von Angoulème 16, 16 — : Rodes 437, 10 — Guigo (Berenguier?) 424, 1 — Guillelma v. Benagues 384, 1; 432, 2 — Hugo (del Bauz C. 6) 8, 1 — Jacme Grills 436, 1 — Joans 145, 1 — Johan Imbert 201, 1 (hist. Tenz. über welche er seine Meinung abgeben soll) — Joh. v. Valari 437, 10 — Jordan de la Ila 248, 20 — Labinia de Cavais 283, 2 — Malcoratz 461, 16 — Margarida (v. Aubusson) 194, 2 — Maria 194, 18; 432, 2; v. Ventadorn 167, 44; 185, 2; 384, 1 — Montferrat, domna de 384, 1 — P. R. 425, 1 — Palau, cela de 229, 1 — Peire d'Estanh 248, 75 — Peire de Fraisse 248, 14 — Pinos, la bela de 144, 1 — R. del Plan 425, 1 — Rambauda 437, 11 — Reforzat (Jaufre) 233, 5; 238, 3 — Rodrigos 461, 16 — Romeus 205, 4 — Salvagia de Londre 283, 2 — Senher de: Canpendut 153, 1 — : Narbona 296, 2 — Soraina de Lepros 283, 2 — na Tantalis 139, 1 — na Tiborc 449, 1 — Vescoms de Torena 144, 1 — Conrat Viguier 248, 11. Letzterer ist wahrsch. kein Personenname, sondern Amtstitel = viguier (lat. vicarius).

176] Unter Berücksichtigung, dass 249, 2 nur die daselbst wohnende Dame gemeint ist, beschränkt sich also die Zahl der Schiedsrichter in 25 Fällen auf eine Person, in 21 (22) Fällen auf zwei und in 3 (4) Fällen auf drei Personen und zwar konnte das kleine Tribunal aus Männern, Frauen oder beiden zugleich bestehen.

Viele obiger Namen sind bekannt. Bezügl. Reforsat verweise ich auf Zs. IX, 126. Conja Zs. VII, 204. Jordan: Levy,

P. d. Mars. p. 31. Joh. v. Valari Zs. VII, 209. Rambauda Zs.
VII, 209. Tiborc Zs. IX, 131. Mehrere Namen kommen im
„treva" v. Guillem de la Tor (Suchier, Dkm. p. 323) und dem
gleichartigen Gedicht „truan mala guerra" (M. W. I, 368) v.
Raimb. de Vaqu. vor.

## §. 75.

177] Dass unter den Schiedsrichtern so viele bedeutende
Gönner der Trobadors oder angebetete Damen hervorleuchten,
ist für die Erklärung des bedauerlichen Umstandes, dass nur
zwei (bezw. 3) Urteilssprüche vorhanden sind, keine unwichtige
Thatsache. Wie man im Geleit der Canzonen das Gedicht dem
Gönner, Freunde oder der gefeierten Dame zueignete, so wählte
man im Partimen, dem Charakter des Gedichtes entsprechend,
unter grossen Lobeserhebungen die Richter, ohne auch nur in
allen Fällen ein Urteil in dichterischer Form zu erwarten. Im
Allgemeinen scheint auch das Geleit der Partimen nur persönlichen Beziehungen gewidmet zu sein und keinen andern Zweck
zu haben, als den zu Richtern ernannten Personen eine Ehre
zu erzeigen.

178] Wählten die Kämpfer den Gönner an dessen Hofe sie
sich zufällig befanden, so wurde vielleicht das Urteil am
Schluss des Vortrags auch wohl mündlich abgegeben (153, 2;
205, 4; 225, 1); bei einer mehrfachen Richterwahl musste dagegen die Abgabe eines einheitlichen poetischen Urteilsspruches
oft schon daran scheitern, dass die zu Richtern erhobenen Personen nicht zusammenlebten, denn stehende Gerichtshöfe, welchen neben der Schlichtung von Liebeshändeln auch die Beurteilung in den Partimen verhandelter Streitfragen obgelegen
haben soll, sind nicht wahrscheinlich und nirgends nachzuweisen.
(Diez, Minnehöfe.) Ueberhaupt aber lag dem Partimen weniger
die ernste Absicht einer Lösung der Streitfragen als die Tendenz der Unterhaltung zu Grunde. Die beiden uns erhaltenen
Urteilssprüche stammen aus der Verfallszeit und sind vermutlich als eine der vielseitigen Neuerungen G. Riquiers zu be-
trachten.

## §. 76.

179] Die Leys geben über die Einrichtung des Richter-
spruches Folgendes an: El jutges per aquel meteysh compas de coblas
o per novas rimadas pot donar son jutjamen; enpero per novas rimadas es huey mays acostumat; en lo qual jutjamen alqu volon seguir forma
de dreg, fazen mensio d'avangelis e d'autras paraulas acostumadas de
dire en sentencia: la qual cauza nos no reproam; pero be dizem que

aysso no es de necessitat. quar abasta solamen qu'om done son jutjamen et aquel declare per aquela maniera que mays plazera a cel qu'es elegitz per jutge.

Es ist zu beachten, dass diese Bemerkungen nur für die jüngsten, dem Anfang des 14. Jahrh. angehörigen, Producte gelten. Die beiden überlieferten Urteilssprüche zeigen weder Reimpaare (novas rimadas) noch eine Beobachtung bestimmter Rechtssätze oder hervorstechende sententiöse Sprache. Mit Recht erklärt daher der Verfasser der Leys die Bezugnahme auf bestimmte Rechtssatzungen hänge von dem Gutdünken des Richters ab.

## §. 77.

180] Die beiden Urteilssprüche wurden nur von einem Richter ausgeführt, denn der „coms joves", welchen G. Riquier in 226, 8 wählt, ist identisch mit dem von Guillem ernannten Enrix, der seine Entscheidung „en cantan" darlegen soll. Unzweifelhaft ist unter Enrix nämlich Heinrich II v. Rodes zu verstehen, welchem im Torney. 248, 75 der Sieg zuerkannt wird. Da ihm das Attribut „joves" beigelegt wird, so ist das Partimen mit seinem Urteil wahrscheinlich noch vor seinem Regierungsantritt (1274) gedichtet. Sein Ausspruch besteht aus einer Cobla mit Tornada in der Versart und den Reimen des Partimen. In der Strophe recapitulirt er kurz die Verhandlung der Streitfrage und spricht sich in der Torn. dahin aus, dass es rühmlich sei, Jedem Gutes zu thun, aber derjenige den grössten Ruhm verdiene, der es den Seinigen thut. (s. Diez, Poesie p. 168.)

181] Das zweite, bisher unbeachtete Jutjamen wurde über ein Torneyamen zwischen G. Riquier, Enric (II v. Rodes) und Marques gefällt (248, 75). In der Streitfrage wird die Freigebigkeit von Enrix, das Wissen von Marques und die Ritterlichkeit von Guiraut gewählt und unter zahlreichen Argumenten verfochten. Nach geschlossener Verhandlung wird von allen Streitern Peire d'Estanh zur Ausführung des Jutjamen bestimmt. Seine Entscheidung ist in einer Cobla, welche in Form und Reim ebenfalls mit dem Torneyamen übereinstimmt, niedergelegt; mithin gebührt auch ihm eine Stelle im Verz. der Trob.

Guiraut Riquier, nous tenhatz a otratje
Vos ni NMarques, sitot a vostra guia
Non dic jutjan; qu'en est vostre lengatje
Li conoissen mantenon tota via,
C'om se fassa pros donan e meten
E [c'om] conquier honor e pretz valen;

Ges non dic mal ad armås ni a sen,
Mas donar [a] sobre totz senhoria. M. W. IV, 239.

182] Die Strophe ist nur in einer Handschrift (R) und offenbar in schlechter Form ·überliefert. Peire d'Estanh giebt der von Enrix verteidigten Freigebigkeit den Vorzug. Da Guiraut und Marques aber gegen Freigebigkeit plaidirt haben, so lässt sich in Vs. 4 u. 5 nur gezwungen ein Verständniss hineindeuten, wenn nicht für „mantenon" oder „donan e meten" ein anderes Wort eingesetzt wird.

Man ersieht aus beiden Urteilssprüchen, dass auch das Raisonnement einer Kritik unterworfen wird. Wie es scheint, fallen für die Güte desselben gerade jene gelehrten Zeugnisse aus Stoffen des Altertums, den Heldensagen u. s. w. am schwersten in die Wagschale.

## §. 78.

183] Als ein ferneres Jutjamen erkennt Bartsch (Poesie ed. 2 p. 167) die Schlusstornada des ältesten vollständig ausgebildeten Partimen 205, 4. G. Augier hält den Reichtum gegen die Wissenschaft hoch und schlägt in der vorletzten Torn. den an Verstand und Gut reichen Romeus zum Rechtsspruch vor. Darauf heisst es:

En Romeus per jutjamen di
Que mais val sens que non fai manentia;
Pero *a si ditz que l'aver penria.
(* assi R., aissi M).

184] Da diese Worte unmöglich Romeus' Eigentum sein können, so sind sie schon deshalb von minderwertigem Interesse. Zweifelhaft bleibt jedoch überhaupt, ob wir in ihnen auch nur die poetische Wiedergabe eines von Romeus etwa mündlich verkündeten Urteils besitzen Vielleicht war es eine Vorahnung des Dichters über Romeus' Urteil, etwa in dem Sinne: R., der Reiche und Verständige wird zwar dem Wissen den grössten Wert einräumen, aber den Reichtum vorziehen. Ist die Torn. nicht später nachgetragen, so würde im ersteren Falle die Gegenwart des Romeus bei Verhandlung der Streitfrage und das Gedicht als Improvisation anzunehmen sein, indem Romeus nach seiner Wahl durch Augier etwa seinen Ausspruch mündlich abgab und Guillem diesen sofort in poetische Gestalt umgoss.

**Ausführung, Vortrag, verschied. Sprachgebrauch.**

## §. 79.

185] „Dass aber die Tenzonen, wenn auch nur zum Teil, improvisirt worden seien, darüber liegen keine Winke vor;

auch scheint ein Umstand dagegen zu sprechen. Es liegt‘ n der Natur der Sache, dass dieses vor einer Gesellschaft, insbesondere vor Richtern des Gesanges hätte geschehen müssen, allein diese werden erst am Schlusse des Gedichtes gewählt und zuweilen als entfernt angegeben" (Diez, Poesie 167). Die Fälle, in welchen das Entferntsein der Richter angegeben wird sind 8, 1. 16, 16. 233, 5. 239, 1. 248, 20. 249, 2. 359, 1. Die Abwesenheit wenigstens eines Richters ist bei einer doppelten oder dreifachen Richterwahl vielfach zu vermuten. Dagegen sind Partimen, welche die Gegenwart der Richter bezeugen oder wahrscheinlich machen, selten 153, 2. 205, 4. 225, 14. 226, 8. 248, 75. Diez befasst sich auch in dieser Frage ausschliesslich mit dem Partimen. Raynouard behauptet das Improvisieren gerade von der persönlichen Tenzone: „Elle était quelquefois une satire dialoguée entre deux personnages, qui se faisaient mutuellement des reproches hardis et injurieux, et dont chacun attaquait et combattait l'autre dans des couplets ordinairement improvisés." Seine Ansicht hat zwar die Leichtigkeit der inhaltlichen Ausführung für sich, entbehrt jedoch nicht minder jeder positiven Beweise und natürlichen Begründung.

186] Die Schwierigkeiten des Improvisirens lagen auch besonders in der formellen Seite. Eine beträchtliche Zahl von Tenzonen zeigt ein complicirteres metrisches Gebilde, schwerere Reime und Reimwechsel, so dass die Annahme des Improvisirens trotz aller Leichtigkeit der dichterischen Handhabung der prov. Sprache zu grosse Ansprüche an die Kunstfertigkeit der Dichter stellen würde. Gegen dieselbe spricht endlich auch die vielfach nachweisbare, formelle Abhängigkeit der Tenzonen von andern lyrischen Gedichten *).

## §. 80.

187] Ohne Zweifel aber ist der Coblen-Wechsel bei der grössten Zahl ziemlich rasch von Statten gegangen. Wahrscheinlich hat man sich die Coblen reihum mitgeteilt, beantwortet und dann zusammengefügt — Pos la partida avem

---

*) Von den Trob. selbst wird oft schon das Dichten der Canzonen als Schwierigkeit bezeichnet. Gröber bemerkt Rom. Stud II, 338 : „Musste Arnaut und seinem Gegner ein Zeitraum von 10 Tagen bewilligt werden zur Ausführung eines Gedichtes von mässigem Umfang und zur Vorbereitung eines fliessenden Vortrags desselben und brauchte der Joglar im 2. Falle (sc. Arch. 50, 282) eine carta zur Nachbildung einer einzigen Strophe, so scheint das Dichten und Componiren den Trob. keineswegs so leicht geworden zu sein, dass ihnen Pergament und Griffel nicht willkommene Hülfsmittel bei Fixirung ihrer Gedanken abgegeben hätten "

bastida heisst es 424, 1, wo bastir jedenfalls auf den strophischen Aufbau des Partimen hindeutet. Die Zusammenstellung der Coblen ging ohne Schwierigkeiten, wenn die Dichter zusammenlebten wie 75, 4; 84, 1; 97, 8; 149, 1; 153, 2; 286, 1; 292, 1; 295, 1; 306, 2; 345, 1; 384, 1; 402, 1; 451, 1; 454, 2; 457, 33. Nach einigen, in den Tenzonen vorkommenden, Wendungen haben die Dichter das Zusammensein als Erforderniss zur Verhandlung einer Streitfrage betrachtet: Falconet, wohl gefällt es mir, dass ihr gekommen seid, denn lange machte ich mit euch keine Tenzone 149, 1 — B. v. Vent., ich bin hierher gekommen, um euch wegen des Gesanges anzugreifen 286, 1. Tenzonen zwischen abwesenden Dichtern sind selten: 460, 1; 248, 34; 358, 1; in letzterer muss die Verhandlung schon nach einmaliger Entgegnung abgebrochen werden.

## §. 81.

188] Auch die Tenzonen, speciell die partimenartigen Gedichte, waren zum Vortrag bestimmt (149, 1; 153, 2; 225, 14; 451, 1) und sowohl für den Sänger wie Declamator geeignet. Die Doctrina de comp. dictatz giebt die Unterweisung: Si vols far tenso deus la prendre en algun so que haja bella nota e potz seguir les rimes del cantar o no. (Rom. VI, 357.)

Die Leys bemerken: Encaras dizem que non es de necessitat ques haja so ; enpero en aquel cas ques faria al compas de vers o de chanso o d'autre dictat qu'aver deja so, se pot cantar en aquel vielh so. Von den Leys wird also die Notwendigkeit einer Melodie in Abrede gestellt; falls aber die Tenzone ein anderes Gedicht als Vorlage benutzt, ist sie in dem bekannten Tone des Mustergedichtes vorzutragen. Die Doctrina scheint dagegen für die Tenzone stets eine Melodie und zwar stets nach einem andern bekannten Gedichte (cantar) vorauszusetzen.

189] Ob die Tenzonen in den Handschriften mit Noten — vielleicht in R.; Gröber, Rom. Stud. II, 368 — oder musikalischen Anweisungen versehen sind, ist aus den Beschreibungen der Handschriften nicht ersichtlich. Die Gedichte selbst geben uns für den Gesang fast keine sicheren Aufschlüsse an die Hand, indem das häufig vorkommende „chans" oder „chantan" uns wegen seiner Vieldeutigkeit nicht über Zweifel hinwegsetzt. Nur eine einzige, historische, Tenzone beruft sich auf die Melodie eines andern Gedichtes, ohne dieses jedoch näher zu kennzeichnen:

> En aquel son quem play ni quem agensa
> Vuell fort de vos, amixs G., auzir . . . . .
> Torn. : Nostra tenson bailem ad Olivier
> Qu'el penra la, en Gll', ses dangier
> E chantar l'a als consols a prezensa. (201, 1.)

190] Aus diesem Zeugniss, sowie auch 239, 1 ist zu ent-
nehmen, dass die Tenzone nur einem Sänger oder Declamator
übergeben wurde, während die dramatische Anlage und Lebhaftigkeit der Debatte eher auf einen Vortrag mit verteilten
Rollen schliessen liesse. In dieser Aufführung hätte sie trotz
ihrer grossen Unterschiede vom Drama einigen Ersatz für den
Mangel an dramatischen Werken geben, und vielleicht gerade
dadurch einer gedeihlichen Entwickelung der dramatischen
Poesie entgegenwirken können.

## §. 82.

191] Für die Licenz des verschiedenen Sprachgebrauchs,
welche sich nach den Leys über tensos (i. eng. S.), partimens,
pastorelas, vergieras, ortolanas, monjas, vaquieras, und andere
Gedichte erstreckt, finden sich hinsichtlich unserer Dichtgattung
nur zwei Belege:

1) Ein Partimen zwischen Gaucelm (Jauseume) und dem
Grafen v. Bretagne über ein delicates Thema 165, 5. Die
Coblen des Grafen sind dort als französisch in ursprünglich
normannischer Mundart aufzufassen und auch die Coblen Gau-
celms tragen an einigen Stellen, doch nur zufällig, französische
Färbung. (Suchier, Dkm. 556.)

2) Die humoristische, mit grossem Geschick ausgeführte,
fing. Tenzone von Raimb. de Vaqu. mit der Genueserin (392, 7).
Ein anderes, von Suchier a. a. O. als Tenzone in verschiedenen
Sprachen bezeichnetes Gedicht (Arch. 34, 403) ist ebensowenig
wie 420,1 als solche aufzufassen. Es ist eine Botschaft des Hugues
de Bersie durch den Jongleur Bernart d'Argentau an Folquet de
Romans in unreiner franz. Sprache. Das ganze Gedicht umfasst
drei Strophen mit zwei Torn. und trägt den Charakter eines Kreuz-
liedes. In den Schlussstrophen wendet es sich an Friedrich (II)
und den Markgrafen v. Montferrat (Wilhelm IV), welchen es
durch die Erinnerung an die unsterblichen Thaten seines Ahnen
Konrad zum Kreuzzuge (den fünften, 1228) anzufeuern sucht.
Da Friedr. Kaiser genannt wird, so ist das Gedicht nach Nov.
1221 (Kaiserkrönung durch Honorius) entstanden — wahrsch.
also zur Zeit, als Friedr. sein Kreuzzugsversprechen zu um-
gehen suchte.

## §. 83.

192] Ich gebe hier eine gedrängte Uebersicht über den
strophischen und metrischen Bau der Tenzonen in alphabetischer
Ordnung nach Maus, Anhg. zu P. Card. Strophenbau. Die bei
Maus eingeflossenen und bei einem derartigen Unternehmen
schwer vermeidlichen Irrtümer wurden möglichst berichtigt.

Ms. 9 : 386, 1 C. 1 u. 2. Bei Ms. 169 C. 3 u. Torn. C. 1 u. 2 einreim.
= es. C. 3 a = ia, b = ey, c = ir, d = ar. — Ms. 17 : 98, 2. 6 C.
a = eira — Ms. 25 : 165, 1. 8 C. Reimw. von a je 2 C. on, ais, ir,
es. b = ia durch alle C. — Ms. 29 : 229, 2. Am besten als zwei-
strophisch anzusetzen, Rede wechselt von Zeile zu Zeile. es, aire —
Ms. 46 : 435, 1. 8 C. Reimw. von a je 2 C. at, us, ais, it. b = on
durch alle C. — Ms. 47 : 152, 1. 2 C. er, ec. — Ms. 52 : 153, 2.
6 C. 2 T. Reimw. je 2 C. a = ensa, aire, ansa. b = o, ir, at. —
Ms. 56 : 225, 14. 6 C. 2 sechsz. T. en, ia, atz. — Ms. 58 : 458, 1.
6 C. 2 dreiz. T. Reimw. je 2 C. a = aire, ia, ava. b = un (on), atz,
utz. — Ms. 60 : 205, 1. 6 C. Reimw. je 2 C. a = os, en, atz. b =
aire, ansa, eira. — Ms. 61 : 42, 3. a a a b b b nach Arch. 34, 404.
11 11 11 6 6 13

2 C. 2 T. el, aire. — id. 151, 1. 2 C. est, i. — id. 345, 1. 6 C. 2 T.
Reimw. je 2 C. a = an, or, atz. b = utz, er, ir. — id. 436, 3. 3 C.
Reimw. je 2 C. a = an, atz. b = utz, ir. Zugehörige 4 C. fehlt. —
Ms. 93 : 156, 4. 2 C. atz, aire, enza. 7, 4, 5, 8, 4, 5, 6, 5, 5, 7,
7, 6, 7, 7, 6 (?). — Ms. 95 : 194, 16. 2 C. atz, ia. — Ms. 122 : 384, 1.
6 C. 1 fünfz. und 1 zweiz. Torn. an, en, ia, er. Die ersten 2 C.
scheinen Vs. 7 Binnenreim zu haben $a_4$ $c_8$, also $c_{10}$. — Ms. 123 : 76, 17.
2 C. atz, o. — id. 142, 3. 4 C. Reimw. von a je 2 C. os, or. b = ar
durch alle C. — id, 448, 1. Uc's Frage in 5 C. a a b b a a b (8 S.).
Reimw, von a je 2 C. atz, enz, at. b = on durch alle 5 C. Erwid.
des Dalfi in 6 C. mit Reimablösung. 6. C. at, or. 7 C. or, ers. 8. C.
ers, ai. 9. C. ai, anz. 10. C. anz, en. 11. C. en, it. Neue Erwid.
Uc's in 6 weiteren C. in welchen die Reime a = es und b = ar sich
C. um C. ablösen. — Ms. 139 : 267, 1. Ist nicht von Raim. de Tors
1 und Guigo 2 = Ms. 140 zu trennen. s. Maus p. 81. C. 1 u. 2 ia,
aire, atz. C. 3 u. 4 aire, ia, atz. — Ms. 140 : 196, 2. Maus p. 81.
Reimwechsel: C. 1 u. 2 ia, aire, atz. C. 3 u. 4 esa, assa, utz. s. 267, 1.
— Ms. 159 : 75, 5. a b b a a c c d d, an, es, ent, at. 3 C. —
5 5 5 6 8 9 8 8 8

Ms. 172 : 449, 4. 4 C. atz, ia, er, ir, aigna. — Ms. 177 : 453, 1. 2 C.
el, i, an. — Ms. 204 : 424, 1. 6 C. 2 dreiz. T. Reimw. je 2 C. a = ia,
uda, ida. b = es, atz, itz. — Ms. 210 : 306, 2. 4 C. ada, an. —
Ms. 212 : 15, 1. 6 C. 2 T. Reimw. a = ada, ia, ansa. b = es, ar, ier.
— id. 436 : 2. 6 C. Reimw. a = ia, ura, isa. b = ais, oc, ic. —
Ms. 216 : 282, 13. a b a b a b a b a b a b a b a b c c d d d d
8 5 8 5 8 5 8 5 8 5 8 5 8 5 4 4 4 3 2 6

b e e f f f f b. 4 C. oill, ensa, o, ec, aing, ar. — Ms. 229 : 422, 2.
5 4 4 6 2 2 6 5

4 C. 2 T. Reimw. jede C. a = aire, ella, ia, alla. b = i, uy, atz, ai.
c = esc, on, ier, ag. Selbst die Torn. wechseln: T. 1 = art, T. 2 =
elh. — Ms. 248 C. 2—5 zu streichen: 1, 1. 4 C. Reimw. a = ida,
aigna. b = on, an. — Ms. 249 : 189, 2. 6 C. Reimw. a = aire, ia,

ona. b = e, an, ers. — Ms. 251 : 192, 5. 2 C. ia, or. — Ms. 278 : 205, 4.
6 C. 4 T. Reimw. a = isa, eira, ia. b = er, us, i. — Ms. 280 : 239, 1.
6 C. 2 T. Reimw. a = os, er, o. b = ia, ansa, atge. — Ms. 282 : 138, 1.
3 C. 1 T. ar, ia. — id. 189, 5. 4 C. 2 fünfz. T. Reimw. a = an, en.
b = enha, ona. — id. 248, 77. Torney. 4 C. 1 fünfz. T. os, ia. —
Ms. 283 : 16, 17. 6 C. Reimw. a = ensa, ansa, ire. b = es, atz, ens. —
Ms. 289 : 112, 1. s. §. 12. — Ms. 298 : 167, 42. 6 C. or, ar, en. —
Ms. 306 : 441, 1. 4 C. 4 T. ir, ays, ina. — Ms. 312 : 156, 9. 2 C.
ansa, ire, en. — Ms. 314 : 194, 18. Erstes Partimen a b a b b ć

8 8 8 8 8 7

ć ć b, ir, en, ia. Zweites Part. (C. 3, 5 u. s. w.) a b b a c d d e

7 7 8           8 8 8 8 8 7 7 10

o, ar, ir, ella, en, (ern); fehlt bei Ms. 597. Ganze Gedicht 9 C. 2 T. 1. T.
schliesst sich an das erste P. an, die zweite an das zweite. — Ms. 317 :
111, 1. 4 C. 2 T. it, en, an, os. — Ms. 338 : 265, 2. 6 C. 2 T. ava,
ia, an(t). — Ms. 342 : 414, 1. 6 C. 2 dreiz. T. Reimw. a = atz, or,
eu. b = aire, enza, ia. c = er, ir, ar. — Ms. 344 : 184, 1. 2 C. 2 T.
atge, ia, en. — id. 201, 6. 4 C. Torney. 238, 2. 6 C. 248, 75. 6 C.
3 T. Torney. 249, 2. 6 C. 2 T. 282, 14. 6 C. 2 T. Sämmtlich in
gleichem Reim. — Ms. 346 : 97, 8. 2 C. os, als, endre. — id. 98, 1.
6 C. 2 T. ata, ana, er. — Ms. 353 : 191, 1. 4 C. 2 T. uda, anz, iz,
ais. — Ms. 359 : 234, 12. 2 C. anza, atge, ors, els. — id. 392, 29. 5 C.
ors, ai, age, ir. — Ms. 360 : 75, 2. 6 C. Reimw. a = ia, endre, eza.
b = en, er, os. c = or, an, en. d = at, ir, ai. — Ms. 366 : 236, 12.
6 C. 2 sechsz. T. ia, er, is, ar, ir. — id. 248, 11. Torney. 6 C. 3
sechsz. T. o, an, en, at, eya — id. 248, 28. 6 C. 1 sechsz. T. en,
os, er, atz, ensa. — Ms. 368 : 75, 4. 2 C. at, en, or, atz, aire, utz.
— Ms. 383 : 306, 3 (437, 8). 10 S. 2 C. ars, en, endre, ai. — Ms.
385 : 187, 1. 2 C. ors, ans, age, ir. — Ms. 390 : 238, 1. 6 C. Reimw.
a = aia, ia, era, b = or, etz, atz. c = ansa, ava, ailla. d = en, an,
ut. e = en (d₁), ais, e(n). — Ms. 397 : 196, 1. 4 C. 1 T. ar, o, ia,
an. — Ms. 408 : 260, 1. 4 C. 2 T. Reimw. a = e, ai. b = itz, os.
c = enha. aire. d = ans, er. e = essa, ia. — Ms. 418 : 46, 3. 8 C.
2 zweiz. T., ier, ena, aire, al. — Ms. 439 : 52, 3. 6 C. 2 T. Reimw.
a = er, or, ir. b = enda, ensa, ina. — Ms. 447 : 167, 44. 6 C. 2 fünfz.
T. ia, en. — Ms. 452 : 191, 2. 6 C. al, atz, e, or. — Ms. 456 : 194, 2.
6 C. 2 T. an, or, iz. — Ms. 462 : 227, 7. 6 C. 2 siebenz. T. d u. e bei Ms.
umzustellen. atz, e, ia, er, an. Form = 292,1 — Ms. 471 : 10, 37. 4 C. an,
e, en, ur. — id. 194, 17. 5 C. or, ai, e, an. — id. 451, 2. 2 C. anz,
os, ui, at. — Ms. 488 : 402, 1 (150, 1) = Ms. 487. 2 C. s. Römer p. 50.
— Ms. 508 : 286, 1 (8 S.) 5 C. an, ir, es. — Ms. 509 : 70, 32. 6 C.
2 T. at, o, e. — Ms. 510 : 248, 36. 6 C. 2 T. Reimw. a = ida, ari,
ia. b = en, etz, at c = os, atz, ans. — id. 406, 16. 8 C. C. 1 u. 2
zeigen das Schema a b b a c c a a, die übrigen C. a b b a c c b b.

Reimw. a = os, en, it, ort(z). b = ar, or, atz, ans. c = al, on, iers, etz. — id. 437, 10. 6 C. 2 T. Reimw. a = ia, endre, ansa. b = o, i, ier. c = is, or, au. — Ms. 515 ; 218, 1. 5 C. 1 T. or, en, ar, aia. C. 1, 3, 5, 4, 2, der hs. Ord. folgen nach einander. — Ms. 535 : 10, 3. 6 C. 2 T. en, or. ais, eigna. Ms. 535, 19 zu setzen. — id. 10, 28. 6 C. 2 T. als, es, ir, atz. — id. 16, 16. 6 C. 2 T. an, or, os, ir. — id. 97, 7. 4 C. o, al, en, atz. — id. 97, 12. 6 C. 2 T. ensa, ir, en, an. — id. 123, 1. 2 C. an, os, ier, e. Auch Daude de Carlus anzug. — id. 129, 2. 2 C. os, enz, aia, e. — id. 136, 3. 4 C. is, or, en, ar; irrtüml. auch unter 4!8 bei Ms. — id. 159, 1. 5 C. 2 T. an, os, er, ir. — id. 153, 1. 6 C 2 T. anda, atz, ai, er. — id. 197, 2. 2 C. (i)er, or, iza, en. — id. 226, 5. 4 C. os, ar, ent, or. — id. 226,7. 6 C. 2 T. ens, is, ansa, ir. — id. 248, 14. 6 C. 2 T. ens, ar, itz, ida. — id. 248, 16. 5 C. 2 T. ar, en, ia, ans. — id. 248, 37, 4 C. 2 T. ar, os, (i)er, e. — id. 252, 1. 6 C. 2 T. or, er, ia, an. — id. 295, 1. 6 C. os, ar, en, or. Fehlt 535, 18. — id. 313, 1. 6 C. 1 T. Reimw. a = ada, ailla, ona. b = ai, it, an. c = os, ar, il. d = en, ir, at(z). — id. 358, 1. Aufforderung in 2 C. 1 vierz. und 1 zweiz. Torn. os, ens, aya, e. Entgegnung in gleicher Form. — id. 359, 4. 8 C. ent, at, ia, es. — id. 366, 10. 6 C. 2 T. os, en, ai, an. — id. 438, 1. 6 C. Reimw. a = ona, eta, ona (= a₁). b = at, es, at (= b₁). c = an, i(s) i(n), is (= c₂). d = el, al, an (= c₁). — id. 457, 33. 2 C ar, os, (i)er, e. — id. Aic. u. Gir. 6 C. 2 T. al, ir, eu, en. Fehlt noch bei Ms. 535, 20. — Ms. 536 : 129, 1. 3 C. at, on, ana, enz. - id. 201, 1. (323, 2) 6 C. 2 T. ensa, ir, e, (i)er. — Ms. 545 : 185,2. 6 C. 2 fünfz. T. atz, en, ia, is, or, ensa a b d e f 8, c 7 S. — Ms. 546 : 10, 6. 6 C. 2 fünfz. T. en, or, es, atz, e. — id. 119, 6. 6 C. 2 fünfz. T. age, os, iz, an, ors. a b c 7, de 8 S. — Ms. 549 : 24, 1. 6 C. 2 T. it, os, en, ida, at. — id. 201, 5. 5 C. en, at, or, era, ai. Reim d verschieden. — id. 236, 8. 4 C. ensa, an, ar, os, at. — id. 253, 1. 2 C. es, an, aing, en, ir. — id. 388, 4 (irrtüml. Raimb. 1 angeg.). 6 C. 2 fünfz. T. it, ais, en, als, er. — Ms. 552 : 432, 2 (Torney.) 6 C. 3 fünfz. T. atz, o, ors, an, en, es. — Ms. 563 : 366, 30. ab 7 S., c d e 5 S. 4 C. 2 T. Text verderbt nach M. W. II, 32 a b d = os, ens, aire in allen C. c = atz C. 1 u. 2, en C. 3, ers C. 4. e = art C. 1 u. 2, e C. 3, or C. 4. Torn. schliessen sich C. 3 an. — Ms. 576 : 323, 4. 6 C. 2 T. C. 1, 2, 5, 6 a b b a c d d. C. 3 u. 4 a b a b c d d. Reime a b wechseln : a = orn, er, en. b = ir, es, e. c d überall = ena, or. — Ms. 579 : 17, 1. 3 C. atz, en, anha, es. — id. 97, 4. 6 C. en, or, uda, ir. — id. 229, 1. 6 C. 2 T. Versmass ist 7 7 8 7 7 7 7 7. iu, es, ira, en. — id. 392, 31. 3 C. aut, uz, ona, es. — id. 457, 33ᵃ. 2 C. Versmass für letztes c = 7. ir, ar, aigna, ai. cf. Ms. 535 : 457, 33. — Ms. 590 : 171, 1. 4 C. or, en, os, atz, o. — id. 426, 1. 6 C. 2 sechsz. T. ors, en(z), iva, ar, e(u).

Ms 590, 8 zu setzen. — Ms. 591 : 248, 76. Toney. 6 C. 3 siebenz.
T. ar, o, anha, otz, er. — Ms. 602 : 155, 24. 6 C. 2 sechsz. T. or,
ays, aire, os, an. a b d e 8, c 7 S. — Ms. 603 : 145, 1. 6 C. 2 T.
en, os, er, ortz, an(s). Str. 2 V. 7 ist Umstellung nötig oder statt
jois : dans. — id. 226, 8. 6 C. 2 T. en, os, er, ortz, an(s). metr =
189, 1. — Ms. 641 : 167, 47, 6 C. 2 T. atz, os, ida. — Ms. 642 : 8, 1.
6 C. 2 T. or, atz, o. — Ms. 660 : 10, 19. 6 C. 2 T. os, or, ar, atz.
— id. 287, 1. 8 C. 2 zweiz. T. elh, an, atz, al. — id. 437, 11. 6 C.
2 T. iers, er, en, e. — Ms. 669 : 242, 22. 6 C. 2 T. eis, er, or, ier,
en. — Ms. 670 : 52, 4. 6 C. Reim d = ia geht durch ; sonst Reimw.
a = ors, ars, ers. b = ort, it(z), at (= e ,). c = en, an, e. e = at, ir,
ar. — Ms. 671 : 16, 15. 4 C. ier, en, o, aire, e. a b c e 8, d 7 S. —
Ms. 678 : 436, 1. 6 C. 2 T. oil, or, ais, er, anz, os. — Ms. 685 : 233,5.
4 C. 2 T. o, aire, or, an, e. — Ms. 687 : 454, 2. 2 C. oit, es, ella,
al, ai, able. — Ms. 702 : 449, 1. 6 C. 2 T. itz, or, an, ia. 702, 2
anzug. — Ms 747 (= 748) : 201, 2. 5 C. el, ais, er, itz, an, atz.
— Ms. 755 : 366, 17. 5 C. en, er, ai, aire. —

193] Unter Anmerk. 2 bei Maus finden sich : No. 3 : 242, 69.
8 C. 2 zweiz. T. Reimw. v. a = anda, onda, eira, uda. b = atz geht
durch. — No. 4 Doppelform : 231, 3. 6 C. Reimw. v. a = ap, im,
oc. b = erna geht durch. — id. 451, 1. 14 C. 8 S. Reimw. v. a =
am, on, or, az, ai, es, uoill. Korn b überall = iz. — No. 10 : 461, 16.
6 C. 2 T. ar, ia. — No. 18 : 461, 56. 6 C. 2 T. 10 S. Reimw. a = age, endre,
enda — b = e, en, os. Ms. p. 48 irrtüml. Reimw. jede C. angeg.
— No. 19 : 97, 3. 2 C. os, iers, ansa. metr. = 80, 25 ; 392, 15. — id.
149, 1. 6 C. 2 T. utz, o, ensa. — id. 392, 15 Torney. 6 C. os, ers, anza.
— No. 24 : 197, 3. 2 C. 2 T. oill, en, eira. — id. 401, 6. 6 C. 2 T. ol,
o, eta. — No. 25 : 226, 1 Torney. 8 C. 4 T. 7 S. os, ensa, ar. — No.
27 : 19, 1. 2 C. 2 T. eza, es, ia, er. — No. 30 : 248, 20. 6 C. 2 fünf. T.
or, ir, atge, atz. — No. 33 : 75, 3. 8 C. 2 T. 7 S. Reimw. a = echa,
orta, ega, acha. b = en, ai, ar, au. — No. 37 : 84, 1. 6 C. enz, is,
ai, ia. — id. 129, 3. 3 C. enz, is, ai(s), ia. — No. 39 : 296, 2. 6 C.
2 T. atz, ia, ors, enha. metr. = 96, 8. — No. 41 : 76, 1. 4 C. en, o,
os, atge. — id. 425, 1. 6 C. 2 T. en, o, os, atge. — No. 44 : 12, 1.
2 C. 2 T. enz, ors, ensa, os. — id. 144, 1. 6 C. 2 T. enz, ors, ensa,
os. — id. 198, 1. 2 C. 2 T. os, an, en, at(z). — id. 248, 34. 6 C.
2 T. os, an, en, at. — id. 283, 2. 6 C. 2 T. enz, ors, ensa, os. —
No. 46 : 460, 1. 4 C. 2 T. er, or, ansa, ar. a b d 8, c 7 S. —

194] Bei Maus finde ich nicht B. G. No. : 165, 5 (Ms. 213 G. F. 5
angeg.). 6 C. 2 T. Reimw. a = an, is, or. b = ir, on, er (mit entspr. frz.
Formen). — 238, 3. a b a b b b c c b. ai, en(z), ir. 6 C. 2 fünf. T. s.
<sub>7 6 7 6 7 6 7 7 6</sub>
No. 301. — 292, 1. a b b a a ć a ć d d e e ć (c 7 S., sonst 8 S.), atz,
e, ia, er, an. 3 C. 2 siebenz. T. Bei Ms. irrtüml. No. 476 angeg., es gehört

zu No. 462. 1 C. fehlt zwischen 2. u. 3. — 298, 1 (bei Maus 397).

á b á b c d d c c d d c (10 S.). enza, isa, aia, o. 2 C. — 248, 74 Torney. a b b a c c d d (10 S.). ens, ors, ensa, os. 6 C 3 T. (Ms. 535, 20 entsprechend). — 388, 1. a b b a a a c c d d (8 S) er, enz, utz, os. 5 C. —

## §. 84.

195] Die Anzahl der Strophen schwankt also zwischen 2, 3, 4, 5, 6, 8, so dass es die Dichter bald mit einer Erwiderung bewenden lassen, bald je zwei bis vier, höchstens fünf mal (incl. Torn.) auf die Streitsache eingehen. Eine Ausnahme macht 451, 1, wo sich die Wechselrede durch 14 Strophen bewegt. Bei den Tenzonen von 3 und 5 Coblen lasse ich es unentschieden, ob die mir zur Verfügung stehenden Texte die richtige Ueberlieferung haben, umsomehr, als bei den meisten die sonst üblichen Torn. fehlen. Das Verhältniss der Strophenzahl ist folgendes:

2 Str. ersch. 31 mal, in 6 Fällen mit 2 Torn.
3 „ „ 9 „ „ 3 „ „ 2 (1) „
4 „ „ 28 „ „ 12 „ „ 2 (1) „
5 „ „ 10 „ „ 3 „ „ 2 (1) „
6 „ „ 88 „ „ 64 „ „ 2 „

fünfmal mit 3 Torn. (Torney.), einmal mit 4 Torn. 8 Str. ersch. 9 mal, 4 mal mit 2, einmal mit 4 Torn. (Torney.). Bei 194, 18 finden sich 9 C. mit 2 Torn., doch sind hier 2 Part. verbunden und 358, 1 nnd 448, 1 nehmen eine Ausnahmestellung ein. (s. §. 67).

196] Die Verszahl der Strophen war ebenso verschieden, doch wurden, wie oben 6 Strophen mit gew. 2 Torn., hier 8 Verse bevorzugt. Die 4 und fünfz. Str. begegnet etwa : 1 mal; 6zeil.: 8; 11zeil.: 3; 12zeil.: 3; 13zeil.: 5; 15zeil.: 4; 21zeil.: 1; 7zeil.: 18; 8zeil.: 75; 9zeil.: 27; 10zeil.: 30 mal. Lanfr. Cig. 13 u. Raimon Guillem 1 können ebensowohl als Sirventese gelten.

197] Unter der Verssilbenzahl spielt der 10 Silbner die bedeutendste Rolle. Er tritt über 50 mal allein auf und ausserdem noch vielfach gemischt mit 6, 7 u. 8 Silbnern. Nach ihm folgen die 7 und 8 Silbner (etwa 20 mal), beide kommen noch ebenso oft gemischt vor, wobei der 7 Silbner gewöhnlich weibl. Ausgang zeigt. Ueber die Behandlung der Caesur im 11 Silbner s. Zs. II, 197 ff. zu 42, 3. 98, 1. 205, 1. 229, 2.

198] Der strophische Bau der Tenzone steigert sich von den weniger vorkommenden einfachen Formen bis zu höchst kunstvollen. Am beliebtesten war auch für sie die Reimreihe a b b a c c d d (Ms. 535), welche ca. 30 mal angewendet ist; dann folgt das Reimschema a b a b c c c b (6 mal), dann a b b a c d d c und a b b a c c d d e e (5 mal), dann a a a b b b (4 mal). Die übrigen Strophenformen wiederholen sich seltener. Der Typus mit gekreuztem Aufgesang war beliebter wie mit gepaartem Aufgesang.

199] Die Strophen sind nur zweimal einreimig, 2 und 3reimig 37 mal, 4reimig ca. 70, 5reimig ca. 25 und 6reimig 8 mal. Auffällig erscheint das häufige Vorkommen des Reimwechsels. Gänzlicher Reimwechsel findet 27 mal, teilweiser 8 mal statt und zwar, der Reimregel der Tenzone gemäss, alle 2 Coblen. Eine Ausnahme macht nur 422, 2, wo jede Cobla andere Reime aufweist. Ueber die Eigentümlichkeit in 112, 1 s. §. 12. Auffällige Mischung der Reime der vorhergehenden C. hat 438, 1 C. 5 u. 6. In 194, 18 haben beide Part. besondere Strophenformen und Reime, nur stimmen die Körner c e des angefügten Part. mit den Reimen a und b des ursprünglichen überein (ir, en). Reimablösung hat 448, 1 C. 6 — 11 und Verkehrung der Reimsilben a b C. 12 — 17. Letzteres ist auch der Fall in 267, 1 C. 3 u. 4, wärend c die Stelle im Reimschema beibehält. Sonstige Wechsel der Reimfolge sind selten. 406, 16 sind für die 2 letzten a Reime in C. 1 u. 2 in den übrigen Coblen die b Reime eingetreten und 323, 4 zeigt C. 3 u. 4 gepaarten Aufgesang statt des gekreuzten Aufgesanges der übrigen Coblen, zudem wechseln die Reime a b von 2 zu 2 Coblen. Ein vollständiges Aufgeben des ursprünglichen Reimes und seines Schemas ist nur 386, 1 zu beobachten.

200] Auch der Körner als Mittel zur Verbindung der Strophen haben sich die Dichter bedient. Ein Korn enthält in : 4zeil. C. 451, 1. 5zeil. C. 165, 1. 7zeil. C. 10, 19. 46, 3. 191, 1. 287, 1. 323, 4. 437, 11. 8zeil. C. 76, 1. 260, 1. 366, 17. 425, 1. 449, 1. 9zeil. C. 10, 6. 52, 4. 84, 1. 119, 6. 129, 3. 233, 5. 10zeil. C. 16, 15. 11zeil. C. 454, 2. 15zeil. C. 201, 2. Zwei Körner sind ungleich seltener : in 8zeil. C. 145, 1. 226, 8. 260, 1. 422, 22. Drei Körner in 9zeil. C. 436, 1. Die Körner konnten von 2 zu 2 Strophen im Reim mitwechseln. (52, 4. 260, 1.) oder durchreimen bei sonst gänzlichem (165, 1. 451, 1) oder teilweisem (323, 4) Reimwechsel.

201] Als rim equivocs (Leys I, 158) und hiermit sich berührende gram. Reime sind folgende, zuweilen in erster, zuweilen erst in zweiter Cobla gebundene Reime zu verzeichnen: aver: aver 19, 1. 205, 4. jai: jai 366, 17. plaia: plaia 298, 1. vis: vis 165, 5. s. auch 231, 3. complit: complida 24, 1. 248, 14. 424, 1. guitz: guida 248, 14. 424, 1. faiditz: faidida, grazitz: grazida 424, 1.

auzitz: auzidá 248, 14 C. 3. escarnit: escarnida C. 6. escalfit: escalfida, vestit: vestida 24, 1. Entferntere Ableitungen sind zahlreicher vorhanden: vest: devest 151, 1 (111, 2). plaing: complaing 253, 1. s. f. 12, 1. 16, 17. 97, 12. 167, 44. 197, 2. 233, 5. 236, 12. 238, 1. 388, 1. 432, 2. 436, 2. 461, 56. In 112, 1 haben costa (constat) und escosta (auscultat) grammatisch nichts mit einander gemein.

202] Ueber Alliteration ist wenig zu bemerken. Wenn sie nicht in stehenden Redensarten oder durch besondere Stellung im Verse und mehrmaligen Anlaut hervortritt, so ist selten Absicht von Zufall zu unterscheiden. Von ersteren führe ich an: col e cais 155, 24 C. 3. 165, 1 C. 4. dans e deshonors 392, 29 C. 3. dans e destrics 10, 28 C. 2. fam e freg 437, 10 C. 3. freich ni fam 97, 3 C. 2. joi ni jauzimens 388, 1 C. 5. turmenta el trebalha 238, 1 C. 6. Für die Alliteration durch zweimalige Wiederkehr desselben Anlautes sind viele Verbindungen meist gleichbedeutender Worte vorhanden: 226, 7 C. 4. 52, 4 C. 5. 84, 1 C. 4. 248, 16 C. 2. 366, 30 C. 1. 236, 8 C. 4. 451, 1 C. 3. 24, 1 C. 5. 226, 5 C. 1. 226, 8 C. 2. 437, 10 C. 7. 119, 6 C. 3. 185, 2 C. 7. 185, 2 C. 5. 1, 1 C. 3. Die Reihenfolge dieser Zahlen giebt die alphabetische Ordnung an. — Sprachliche Spielereien finden sich 98, 1 C. 4. 229, 1 C. 5, 7. 52, 3 C. 3. bes. 138, 1. (cort). Alliterationen durch zweimalige Wiederkehr desselben Anlautes kommen zuweilen verschiedene in demselben Verse vor 329, 29 C. 2. 97, 12 C. 6. 225, 14 C. 8. 248, 16 C. 2. 238, 2 C. 1. 238, 2 C. 6. Dreimalige Wiederkehr des gleichen Anlautes ist ebenfalls nicht selten, scheint aber oft auf Zufall zu beruhen. d : 10, 28 C. 2. 144, 1 C. 4. 153, 1 C. 6. 165, 5. C. 6. 233, 5 C. 4. 248, 36 C. 3. 283, 2 C. 2 — 5. 406, 16 C. 6. f: 16, 15 C. 2. 167, 42 C. 2. 233, 5 C. 3. j: 46, 3 C. 4. 229, 1 C. 5. 425, 1 C. 6. l: 201, 1 C. 3. 218, 1 C. 2. m : 1, 1 C. 3. 97, 12 C. 3. 227, 7 C. 3. 248, 37 C. 1. 249, 2 C. 3. 401, 6 C. 6. p : 1, 1 C. 2. 10, 37 C. 4. 97, 3 C. 1. 97, 12 C. 2. 139, 1 C. 1 u. 2. 153, 2 C. 6. 248, 37 C. 1. 248, 76 C. 6. 248, 77 C. 3. 392, 15 C. 3. 401, 6 C. 3 etc. Doppelanlaut pr : 226, 8 C. 2 u. 5. 238, 1 C. 6. 437, 8 C. 1 pl : 139, 1 C. 2. s : 218, 1 C. 1. 248, 14 C. 5. v : 136, 3 C. 2. 138, 1 Torn. Viermaliges Vorkommen desselben Anlautes ist schon seltener. d : 196, 1 C. 1. 449, 1 C. 3. k : 248, 37 C. 4. 153, 2 C. 2. 454, 2 C. 1. s : 10, 28 C. 3. 248, 75 C. 2. Fünfmaliger p Anlaut : 76, 1 C. 4. 152, 1. Sechsmaliger d Anlaut: 52, 4 C. 4. Bei manchen Dichtern, welche die Alliteration verwenden, lässt sich das Bestreben erkennen, dieselbe durch Beibehaltung des gleichen Anlautes in mehreren Strophen

7*

noch deutlicher hervortreten zu lassen. Besonders häufig kehrt der p Laut wieder, was vielfach auf der Natur der Gedichte (pretz, plus) beruht. s. 52, 4. 97, 3. 139, 1. 189, 5. 226, 5. 238, 1. 238, 2. 283, 2. 392, 15.

203] Im Anschluss an diese Erörterungen über die Form würde noch die formelle Selbständigkeit der Tenzone zu untersuchen sein. Unter Zugrundelegung der §. 81 gedeuteten Anweisung der Doctrina über die Melodie könnte man — wie dieses irrtümlich auch beim Sirventes geschehen (Giornale di fil, rom. II, 73 f; Levy, Guillem Figueira p. 15) — ein durchgängiges Abhängigkeitsverhältniss der Tenzone von andern Gedichten vermuten, da die Nachahmung der Melodie auch gewissermassen die metrische und strophische Entlehnung des Mustergedichtes in sich schliesst. Da jedoch zur endgültigen Entscheidung dieser Frage das mir zur Verfügung stehende Material noch nicht ausreicht, so will ich mich einstweilen mit dem Hinweis auf die mehrfach vorkommenden isolirten Strophenformen begnügen und nach dem bisherigen Ergebniss meiner Untersuchung bemerken, dass, wenngleich die meisten Strophenformen der Tenzonen sich als Nachahmungen erweisen, doch andere nicht allein original sind, sondern auch entgegen der von Maus, P. Card. p. 82 vertretenen Ansicht von späteren Gedichten entlehnt wurden. Ich gedenke gelegentlich hierauf zurückzukommen.

### Anhang.
### §. 85.

Ich füge hier einige, bisher ungedruckte Lieder an, welche jedoch auf volle handschriftliche Treue keinen Anspruch machen. Es sind fast nur Unica.

### I. Gui — Falco. Hs. R. 34 d, B. Verz. 191, 2.

1 Falco en dire mal
Vey ques trop abrivatz
3 E fos ne causigatz
E portatz nel senhal
E digatz me per cal
6 Fos de claustra gitatz
Que can monge senhatz
Laissa lorde quere
9 Pueys prez om mens sa fe
Qaien nay auzit clamor
E digas me per que
12 Yssitz del refreidor.

Senher a vos que vai
Dir ennetz ni foltatz
15 Que res noy gazauhatz
Queus puesc dir atertal
Quel vostre paubr ostal
18 Vieu hom davol percatz
El vestir ear compratz
Quel coms nanfos vos fe
21 Don nes clamatz a me
Car non leu faytz honor
Pus per antrny merce
24 Vivetz a deshonor.

Falco mens que non val
Vielb vestir resuydatz
27 Val joglar eslengatz
Sa vos non era mal
Beus det lo colp mortal
30 Aquel queus ditz badatz
E car trop parlavatz
Mes vos hom aytal fre
33 El mas ques o fes be
Que nessi tiobador
Deu hom can ditz per que
36 Castlar ab razor.

Senher si dieus mi sal
Mays am esser talhatz
39 De razor que tocatz
De la vostra destral
Senher guay cad un pal
42 Degratz estre crematz
Per los mortals peccatz
Cavetz fatz far anese
45 Per ques fols que mante
Destral am ta mal mor
Canc als seus ni a se
48 Non tenc fe ni amor.

Falco vostre captal
Perdetz can fos desfaytz
51 Per que tornes cochatz
Servir al ospital
E sel yvern coral
54 Es nutz ni despulbatz
Las tavernas els datz
Ne reptatz mais que re
57 El senhal com nous ve
Que prezetz per folor
Cangot (?) guerriers so cre
60 Falco vos son peior.

Peior guerrier no cal
A totz vostres conhatz
63 Que vos lor es estat
Also descominal
Canc non gardetz lur sal
66 Si beus fos adobatz
Ni despaza senchatz
Senhen gui del comte
69 Don enquer vos sove
Nanfos vostre seuhor
Don ac man palafre
72 Ses fre vostra seror

## II. Tomas — Bernado. Hs. R. 34 c, B. Verz. 441, 1.

1 Bernado la ienser doua ques myr
Eu tot lo mon ni anc fos ui ermays
3 Dieus prec quem gar de mal e de
falbir
Em do samor em tragua dest pantays
E dels peccatz cai faitz mortals e lais
6 Me do sil play de tot be far ayzina
Car dels peccatz ben es hora quem
lays
E prec ne luy a cuy lo mon saclina.

9 Senher si per iutgar ni per mentir
Pot hom correr vas dieus fis ni verays
Ni pel segle enganar ni trabir
12 Ni per jazer de mans putas savays
Seretz senher vos sals per tostems
mays
Chus nous estors parenta ni cozina
15 Que non acortz lo jazer ol bays
Per que es sals si com yeu vey mesina.

Mor de trueya dieus prec que te azir
18 Car aysim vas de totz jorus a biays
E ja per mi nou auras que vestir
Ans anaras a guiza de bastays
21 Per tal que tug seu tragan lur estays
E ieu dartay c. de sobre lesquina
E not pesses de bo morcel tengrays

24 Ni quel te don si no so or o espiua.

Senh' tomas be mal sabetz partir
Car anc per vos non compli be lo cays
27 Enans vos vey a totz jorns ris ab ir
Et es vers so quen borrel men retrays
Senher si anc vos fossetz cuendes ni
jays
30 Ar en uzatz a ley que vos aclina
Non diray plus per ma dona men lays
A cuy es greu car ab vos mieu tayna.

33 Tart puiaras mort de trueya tonina
Ni a valor ans cug tot jorn tabays
E say o ben el cor que no devina.

36 Senher thomas vostra valor noys fina
Si com dizetz quieu dic per san
giroais
Canc per oste non crec vostra topina.

39 Mor de trueya potz as de sarrazina
Dir potz quet vols car yeu nom tenc a
fais
Lo fol parlar de ta lengua mesquiua.

42 Pan dordy vielh e vi mudat de tyna
Bevetz senher e manjatz ogan mais
Et estaytz caut al foc en la coz'na.

## III. Maistre — Fraire Berta. Hs. R 142 d, B. Verz. 292,1. Vgl. XVII.

1 Fraire berta trop sai estatz
  E sim fos gent prezera me
3 Quieu ougey morisses desse
  Mas er vey ques rejovenhatz
  Per quieu vuelh cades tenhatz
6 . . . . . . . . vostra via
  Per tot aqui on soliatz
  Vezer si ja prous tenria
9 Lun de sels queus solian valer
  Ous an gitat a nonchaler
  E seus donc brocatz enan
12 E si es meus al cap del au
  Tornatz a la companhia.

  Maystre leu nos enniatz
15 De gran honor e de gran be
  E car nous azautatz de me
  E saubut e cossi covidatz
18 Car la mort vostr oste voldratz
  Leu . . . .
  . . . . . qus . . . . .
21 . . . . . . . . . degnia
  Eras vey vos . . . . . . .
  . . . . . . . . dretz e luuh aver
24 Nous puosc trobar pe[tit] ni gra[n]
  E seratz meus a sant ioan
  Totz me deses p[er]aria.
  . . . . . . 27—39 . . . . .

  Maistre sieus penediatz
  . . mil mals com dun sol be
42 Enqueras trobaratz merce
  Ab dieu mas mal von assematz
  Can digatz cab ma mort voldratz
45 Creisser vostra maneutia
  Bel maistre saprendiatz
  . l . sen de mi bons seria
48 Trop a longua via tener
  Totz hom que lautrui mort esper
  E ies bel dig ni fag preza[n]t
51 Nos devon desfar car nos fan
  A for de mercadaria.

  Vos eratz per las cortz ouratz
54 E grazitz (berta) per quieu voldria
  Barta sieus vengues a plazer
  Canassetz onrar e vezer
57 La rica cort on lautri van
  Et agratz mi estort dafan
  En Joan de vilania:
60 Maistre tot ioru me sercatz
  Com mortz o vieus tengues via
  E leu puesc vos dire per ver
63 Que paucx dostes e gran aver
  Voldratz entre nos eu ioan
  E daiso es ben acordan
66 E dals per com te bailia.

## IV. Donzela — Domna. Hs. R 35 a, B. Verz. 461,56.

1 Bona domna tan vos ai fin coratie
  Nou puesc mudar nous cosselh
      vostre be
3 E dic vos be que faytz gran vilanatie
  Car sel home canc tan uon amet re
  Layssatz morir e no sabetz per que
6 Pero si mor vostre er lo dampnatie
  Cautra domna mas vos a grat nol ve
  Ni en luy uon a poder ni senhoratie.

9 Na donzela ben deu esser salvatie
  Can el gaba nis vana de me
  Tant a son cor fol e leu e volatie
12 Que mamistat en lunha re nos te
  Per que mamor nol tanh ni nol cove
  E pus el eys sa enques la folatie
15 No men reptetz si la foldat len ve
  Caysi o aug dire que dretz es onratie.

  Bona domna sidrel podetz o pendre
18 O far tot so queus vengua a talen
  Que res nou es quel vos puesca defendre
  Aysi lavetz ses tot retenemen

21 E nom par ges queus sia davineu
  Pus ab un bays li fes lo cor estendre
  Aisi col foc quel mort carbon e seu
24 Pueis caut el mor no sou cal merce
      penre.

  Na donzela no me podetz repenre
  Quiel dey mamor ab aytal covineu
27 Que el for mieus per donar e per vendre
  E que tostems fos a mo mandameu
  Mays el a fag vas my tal falhimeu
30 Don ies nos pot escondir ni defendre
  Non o fas mas si mamor li defen
  Car ja per el no vuelb mo pretz
      dissendre.

33 Suau parlem dona com nous entenda
  Ara digatz que forfaytz es vas vos
  Mais que per far vostres plazers se
      renda
36 Son cor humil contral vostr ergulbos
  Vuelh que digatz dona per cal razos
  Poyretz estar que merce no von prenda

39 Qe mil sosplrs ue fail loru engoysos
Dons per I sol nol denhatz far emenda.

Si mamor vol na donzela que renda
42 Beu li er obs sia gais e pros
Franox e umilh cab nuls hom nos
contenda
E a cascus sia de bel respos
45 Cami non tauh hom fel ni ergulhos
Que per mon pretz deohaya ni discenda
Mas francx e fis selans e amoros

48 Si el vol quiel don lezer que mi
entenda.

Aytal lauretz la regart no von prenda
Bona dona quel sieu cor avotz vos
51 Que el non a poder cad autra entenda.

Bonais la fin donzelam que satenda
E vos siatz garda entre nos dos
54 E queus tengnatz ab aquels quels tort
prenda.

## V. Faure — Falconet. Hs. R 143 a, B. Verz. 149, 1.

1 En Falconet bem platz car es vengutz
Que lonex temps a no fi ab vos tenso
3 E partrai vos un joc qu er luenh
sauputz
E ja no oug que men diguatz de no
A cada joc metam un croy baro
6 E nols prenguam mas can per lur
valensa
Ni non laissem a jogar per temensa
Dels ricx malvatz sol cals pros
sapcha bo.

9 Faure del joc vos dey esser tengutz
Car daital joc say a tot home pro
Per quieu no soy del jogar esperdutz
12 E jogueraus Eu Gui de Cavalho
Si no fos pros e agrau be razo
E diguetz mi cal baro de Proensa
15 Voletz jogar pus vostre joc comensa
Quieu vos joc sel de cuy pos quieira so.

Pauex es lo dans caut lo locx er
perdutz
18 Si non creyssetz falconet lespoio
Mas yeu metrai tal don seretz vencutz
Eu maltortel e son frair en raino
21 Queex per V sols e metieus nal baro
Per autres V e vil joc vos agensa
Meietz y may quieu no joc per
crezeusa
24 Car del joc vi trop gran melhurazo.

Faure, per joc es hom trop mal
volgutz
Cant hom non pren en gatge per faiso

27 Car I daquels val may neys sera mutz
No fan rostanh ab so vielh guaranho
Naimeriguet et hom nom ochalzo
30 Si per x sols lo met yeu fas falhensa
E per bremon per xx a leschazensa
Car de x sol e de xx fas mon pro.

33 En Falconet, mas lo coc es cregutz
Gel doblaray del senhor de cuy fo
Say foucalquier don es coms abatutz
36 E metieus il senhor de cortezo
Ab son oncl en R. de meolho
Cab aquestz tres mes be semblans
queus vensa
39 Quels son tan croy camin tanh
penedeusa
Car nay parlat e quier na dieu perdo.

Contral comte vos er lenuitz rendutz
42 Del flac senhor de berre dalanso
Ab los profieitz ergulhos mescrezutz
Vos reiremt de trip e de tolo
45 Ab lo nove faure de berguonho
Car anc no vim segon ma conoissensa
Tan malvat frug de tan bona semensa
48 Com auzem dir que foron lor pairo.

Si non issetz falconet de proensa
Be mes semblan segon ma conoissensa
51 Qe plumaran gralhor vostre falco.

Sol qeu daur de sal dieu nou ai
temensa
Sa vas caslus faure lay part durensa
54 Cab luy trobom tostemps condutz e do.

## VI. Eble d'Uisel — Gui d'Uisel. Hs. Dª 210 d, B. Verz. 129, 2.

1 En Gui digaz la qal penriatz vos
E non mentaz sitot vos falz feignenz
3 Capa de pers uu mes denant avenz

E granz osas afaitadas ab ros
Tro a calenda maia
6 O tot lestiu dona cortesa e gaia

Bella de cors humil de boua fe
E tot aital com a fin drut cove.

9 Nebles ges eu no son cum vos
Qem teigna dan freichs ni ploia ni
        venz

### VII. Gausbert — Peire Bremon. Hs. E 223 b, B. Verz. 171, 1.

1 Peire Bermon maint fin euteudedor
Preion de cor una dona plazen
3 Mas li dui son tan bel e tan valen
Per ca leis plai caz amdos fass amor
Luns ha de leis lo semblan amoros
6 E gaps e ris e lesgart el solatz
Per com cuia quel naia mais assatz
Lautre ses plus un baizar en rescos
9 Lus ha de lei honor e lautre pro
Diguatz a qual vai meils segon razo

Pos tan vos platz en iosbert ses temor
12 Farai ab vos teuso de partimen
E sim vensetz tenrai vos per saben
Que sel vos lais que tenh per fenhedor
15 E prenc lamic leial e temeros
Qui en celat viu lauzens et onratz
Ab dous plazer quar sap qeus ben
        amatz
18 Per soill vai meils cal autre per un
        dos
Queus ai laisat e si dieus mi perdo
Sil razouatz vei vos peiurazo.

Qe fin amors meu deffent e jovenz
12 Qe mart lo cor aissi totas sazos
Qa pauc no vau ses braia
E de domna no cuidez qeu mestraia
15 E la capa lais a vos cui cove
Elll domna sai qe nous faria re.

21 Peire bermon dona de gran valor
Non pot onrar son preiador plus gen
24 Salua sonor consill mostr en parven
Que sos uezer e sos preox lan sabor
E lacueill gen e' les de bel respos
E tan sofre quel sia tan privatz
27 Que crims len sor de mals dizedors
        fatz
Quill pren em patz per lui tener joios
Valon trop mais tals honors a bando
30 Que lautr un bais ses plus de sospeiso.

        [fruit que flor
Mil tans pretz mais en iosbert
Per que ai pres lo fruit mon essien
33 Quar baizar es fruit damor veramen
Es penrel deu lamic en tal dousor
Que noill sia nuill ioi tau saboros
36 E quin vol mais la bruida dels
        malvatz
Cun douz baizar no par euamoratz
Que fis amicx den esser volontos
39 Qe sa dona garde de mal resso
Per quel baizar vi gran meillurazo.

### VIII. G. Riquier — Grainier. Hs. R 33 d, B. Verz. 248, 34.

1 Grainier pus nou puesc vezer vos
Parlar yeu vuelh e digatz men chantan
3 Dest partimen quieu vos meti denau
Cal penriatz per melhor ad estros
Que donzela amassetz lialmen
6 E non acsetz mas sol laculhir gen
O tal veuua queus fes tot vostre grat
Eu dreg damor chauzetz lo plus ourat.

9 Guiraut Riquier mays vuell esser
        ioyos
De donzela que fassa bel semblan
Que can remir lo cor ni en resplan
12 Sa grant beutat e son pus amorus
Car donzela ama pus coralmen
Sitot ades no so fa a parven
15 Per quieu vuelh mays ab lieys
        parlar mon grat
Que de veuza fezes ma voluntat.

Raynier mal paretz cobeytos
18 Del onrat joy qe tug li fin aman
Enueyan tan en sofron tal afan
Qe mans na mortz e mi te cossiros
21 Camar voletz desesperadamen
Ab laculhir non poder vos repren
Yeu vuelh janzir so cay tant dezirat
24 E vos la getz ab cor desesperatz.

Guiraut Riquier yeu ay mantas sazos
Gaug e deport ab lieys on pretz sespan
27 Que bel parlar me dona joya gran
E tenc mon cors alegre e joyos
El aculhir donam tant dardimen
30 Que nom menbra degun mal pessamen
May la veuza ca so marit uzat
Uzara vos ab sa falsa bontat.

33 Anc nous destreys amors nayman
        ginhos
Que lonrat joy sieu metatz en soan
Per laculhir es amatz ab euian

36 Sea tot respleg e sirvetz en perdos
Grainier car res nol fal falh viven
A sel que pot complir tot son talen
39 E sil veuza biasmatz de falsetat
Al donzela aytal dizetz viltaz.

Trop poyria durar nostra tenso
42 Amics *Guiraut* et anem non layssan
Pero bens dic qe la veuza soan
Per laculhir don maonda razos
45 Qel donzela macuelh tan dossamen
Cap si reten tot mou cor e mon seu

E pus yeu puesc ab leys parlar mon
grat
48 Del partimen ay tot lo miels triat.

Graynier chauzit avetz nessiamen
En darsadier prec quen don jutjamen
51 Que falbitz es et yeu ai von proat
Car per longuier laissatz jox acabat.

*Guiraut* Riquier ades mi ten jauzen
54 La donzela can vey son bel cors gen
En dardassier digan la veritat
Cals de nos dos a pres lo pus onrat.

## IX. Richart (Graf) — Guillem. Hs. R 24 a, (B. Verz. 201, 2.)

1 Guillem dun plag novel
Que non o auzis ancmais
3 Me fo mandat lautrier
Quieu fos jutjes verays
E mas tan mes ayzit
6 Sia tot issernitz
Una domnab cors bel
Amon senes enian
9 Duy cavayer prezan
Mas aiso entendatz
Lun es pus ricx assatz
12 De leys cuy cascun blau
E lautre non ges tau
Al cal vos acordatz
15 Quel *quel* sia pus ouratz.

Senher com lo sagel
Damor senes biais
18 Ay legit tot entier
Per quieu say totz los plais
Pos meus es lo chauzitz
21 Non dey estre marritz
Beus dic que *ques* grazel
Conor y a pus gran
24 Sel bas vay melhuran
El dous er pus bauzatz
Et es mager lo gratz
27 Que dun ric benanan
Cuy seria semblan
Quesser degues amatz
30 Car sol es pozestatz.

Guilhem ab bo sembel
Pot far maiors assays
33 E pus grans colps y fier
E suefre maior fays
Sel ques pros et arditz
36 Si *com* cors es garnitz

De lance de cotel
E dausberc e de bran
39 E dol me que resplan
Que sera desarmatz
Per quel pus assazatz
42 Mas de pres a talan
Noy deuri auer dan
Car es ricx hom clamatz
45 Si dals non lencolpatz.

Senher trosca martel
Ni daqui o roais
48 Non a nulh cavayer
Vas foldat non eslays
Si razonar nim ditz
51 Quesser deya gequitz
Un senhor de castel
Qe serven e donau
54 Fai tot son benestan
Del poder quel es datz
Per sel cuy razonatz
57 Car sama lamirau
El rey tut cuydarau
Temens o paupretatz
60 Aport lur amistat.

Senher coms ricairel
Don escarsedat nays
63 Comenserol premier
Per so que pretz abays
Don es iovens delitz
66 E domneys avelitz
Mas ges vos non apel
Ni cela que tort noy an
69 Mas aysous vau mostrau
Qe may donor nauratz
De negun so sapchatz.

, , , , , , , , , ,

## X. Simon Doria — Albert. Hs. T 72 b, B. Verz. 436, 2.

1 Nalbert chauçeç la cal mais vos
plairia
En dreit damor puois tant forç nes
lasais
3 Vostra dompna vestida cascun dia
E causada aver dins un palais
On nna caubra sol ce lum noi sia
6 Tuta nuda sicous plairia mais
Cascuna nuog tenir per drudaria
Dinç ric lleç cansir podes uoimais
9 Cal mieu senblant ieu sai ben cal
penria.

Amic Simon ben uos dic senes bausia
Cieu am mil tam dompna tener eu
pais
12 Cascun giorn causada e vestida
En caubra en loc segur ses fais
Cauer gella l priuat queu volria
15 Tuta nuda de nuotz qe noi fos rais
Qeu non volgra dopna auer i bailia
Sieu no la uis qim doues rais
18 Per cieu dic qe als non iuiaria.

Amic Albert mais am la nuoc escura
Tenir mi don en aisis lioc
21 Ell toc sou pieç e sa mamela dura
Cadunc conplis amon talent lo ioc
So queu non poi cant e sa vestidura
24 So sabes ben ben sai cem dires oo
Ce del sieu cor ueser nom prent
gran cura
Cel giorn la uei uestida ma no la toc

27 Per qieu dic ben se ben gardas dritura.

Maistre simon non causes a mesura
E ben mi par ce non sias al foc
30 Don solla iesseç en grant cura
Anc rei o mai ce sias del sen coc
Qe qant ieu uei la bela creatura
33 Ieu sui mager cel seguer de maroc
Caisl pogra tocar laida pentura
Seu no la uis qall sera ne broc
36 Nol creias mais qiles paraula iscura.

Bem merauigll nalbert qen tutas gisa
Non autre as del plat so ceu uos en dic
39 Qe qan ieu tec midons seu camisa
Lenperador non evei frederic
Qem sai qelles biaha e frescha e lisa
42 Donc cals obs mes veder son gai
cors ric
Don soi sertau qe ual lonor di pisa
Pero beus la sudor el fastic
45 Veser lo iorn puois tant laues enquisa.

Ben es simon uostra ualor enquisa
Piuos camor aues mes en oblit
48 Qe de bordel par qens sia tramisa
Cau sol dengus iauetç tot amendic
Mais cant ieu uel mi do am pena grisa
51 Lo mont mi par ce sia tut floris
Adouc sai se borges o marcesa
Per cieu uos prec canc uos castic
54 Non uos plasa mais deutrar ital
fantisa.

## XI. Guionet — Cadenet. Hs. I 160 b, B. Verz. 238, 1.

1 Cadenet pro domna gaia
Pregan dui fin amador
3 E leis non platz que dret aia
Per que lns pert sa valor
Quera pros tan greu pensansa
6 Len ven car non es iauzens
Lautr en meillura et enansa
Quera euans recrezens
9 Digatz mal vostre escien
Quals ama plus finamen.

Guionet cel que sesuaia
12 Tant qen pert pretz e valor
Per leis ques pros e verala
Que nol teu a servidor
15 Ama meils noi ha doptansa

Que sapchatz quel pesamen
Li tol tuta la mantenensa
18 De sos bels captenemens
Qe tant pliual cor el talen
En amor coblidal sen.

21 Cadenet sieu vos dizia
Que conogut vos avetz
Eu sai ben queu failliria
24 Atressi cum vos failletz
Car sieu quec iorn peiuraua
Doncs queria ieu sou dan
27 De mi dons sieu la preiaua
Donc non ama si dons tan
Cel cades es plus savais
30 Com cel qui totz iorns val mais.

    Guiouet si retenia
    La bella cel qui pert pretz
33 En sa valor tornaria . . .
36 Cel ques avols tant ni quan
    Ja nous cuietz queill menbraua
    De pretz plus qua un enfan
39 El pros es felz quant sirais
    E si sespert non pot mais.

    Cadenet sen aisi era
42 Com fos per esser malvatz
    Drutz iamais hom non penssera
    De ren mais de malvestatz
45 Car qui non puingna que vailla
    Mais quenans nou ha valgut

    So prez cuiatz que non faillia
48 Domna sil reten per drut
    Si fai oar non ama be
    Si per leis meils nois capte.

51 Guionet ja nom laissera
    Son pretz lo pros nil prezatz
    Ans sapchatz que meillur era
54 Mas del tot es oblidatz
    Sil turmenta el trebailla
    Amors que de so vengutz
57 Li son tuit sei faig ses failla
    Don el mais non a pogut
    Quom enamoratz no ve
60 Ni au ni enten fort be.

## XII. Oste — Guillem. Hs. I 162 d, B. Verz. 313, 1.

1 Guillem razon ai trobada
    Tals cnm ieus dirai
3 De dos cavalliers queu sai
    Questan en un encontrada
    Chascuns es valens e pros
6 Digatz cal val mais damdos
    Que lus es pros per amor veramen
    Mas anc lautre non ac cor ni talen.

9 Nostes totz pros magrada
    Mas mais valen plai
    Valors que de si estai
12 Que cil qamors a donada
    Camors tol soven sos dos
    Per ques chastels entrels bos
15 Qnaut lai per si eis pancamen
    Cautre plus rics qui la dentendimen.

    Guillem beus dic ses faillia
18 Mal auetz chaussit
    Aqui mauetz enrequit
    Cel qui met e no men cailla
21 Non fat ges tant a prezar
    Cum cel qui met per amar
    Qui sab honor e bon pretz mantenir
24 On mais fai hom mais len deu hom
                    grazir.

    Nostes mal fai qui egailla
    Fons ni fiums complitz
27 Ab cistern ab murs blanquitz

    Que ses ploia non ore vailla
    Ren el pretz queus aug comtar
30 Sol lamore lo desampar
    Muor tost el mieus viu que non pot
                    morir
    Anz sotz oll fons acel quil sap noirir.

33 Guillem anc iorn no fon bona
    Amors per semblan
    Cades percasa son dan
36 E cel camors enpreisona
    Fai aprezar per un mil
    Si ben en parlatz subtil
39 Quaitan val mais cel ques enamoratz
    Cum fai celleis per cui el es amatz.

    Nostes qui per amor dona
42 E nes pros tot lan
    Eu fer de lansa e de bran
    Non sai grat a sa persona
45 Sun contel sieu non lafil
    Non uol saillar al fozil
    Grazisc lo taill e damor sial gratz
48 Quaissi laill creis e fai pros deltz
    maluatz.

    Nostes mais val chant e quil
    Dauzel diuern que dabril
51 Car qui sap far ses amor faitz honratz
    Val mais assatz que sera enamoratz

## XIII. Peire Torat — G. Riquier. Hs. R 35 b, B. Verz. 358, 1.

1 Guiraut Riquier, si beus es luenh de
                    nos
    Coselh vos quier e donatz lom breu-
                    mens

3 Una don ay amada lonjamens
    Bele gens huelhs et ab plasens faysos
    Quem ausi em esglaya
6 E no vol far endreg mi ren quem playa

Et yeu fas tot so que vol ni cove
E lleys no denha ni vol aver merce.

9  E soy pregatz per autra ad estros
Aytan bela et aytan avinens
E vol me far un altal mandamens
12 Si laysi leys que mes de greu respos
Que samor nom estraya
Per lunha res que hom de mill retraya
15 Ans ditz que mer plazens en tota re
Sim lays damar lautra que nom rete.

Dieus prec yeu cam vos aya
18 Na bel deport que tan fort vos esglaya
Gr. riquier e vos preyatz per me
Car desamatz am e non ay nulh be.

21 Deu dardasier vos puesc dir una re
Que fort ama nalazaytz e platz me.

1  Gr. riquier. sieus es tan lonh mos
                                    cors
Es pres de vos . . .
3  Eu p. torat car crezes mot valens

Et anc nous vi ans me soy volontos
Mays pero co quem naya
6  Per negun fag mo saber no sesmaya
Ans vos daray cosselh segon ma fe
Bon e llal e ad honor de me.

9  So ques pus car tenc per pus pressios
Que so com pot aver levleyramens
Car so que ven va leu eysamens
12 Per queus cosselh ans amar en perdos
Leys queus nafra ees playa
E queus laysetz de lautra queus assaya
15 Car prometen vos vol tyrar a se
Non per amor mays per enian so cre.

Tota dona ques gaya
18 Vol assayar finamen ans quel aya
Esgardamen de far plazer en re(l)
Mas pueys ne val vc. malstraytz un be.

21 En p. tornat mon bel deport me te
Ses tot respieg e per tant nom recre.

## XIV. Lantelm — Raimon. Hs. T 76 a, B. Verz. 283, 2.

1  Ramond una doma pros e valentz
Ama son drutz el fai damor socors
3  Taut qil marit sap cal es lor amors
Sia cola domna eill veda sos talentz
Tut trei au mal e enuoi e temensa
6  Cals dels trei fai plus greu penedensa
La domna ol(s) drutz ol maris gelos
Luns vos en trai del tres lais los dus.

9  Lantelm lo drutz e la domna mes
                                    parventz
Qe tragan plus ca doble lor dolors
Ce luns a dol del dan ce lautre sors
12 E del sieu dan es autresi dolentz
Aqist dui fan dafan dobla sofrensa
Et el marit a un petit demtença
15 El es daitant segor e poderos
Qus autre iratz eu saria giolos.

Ramond vos nom i guzias com om
                                conoisent
18 Que la domna el drutz a tau pena ·
                                doussor
Qe son amaire ci meda falors
Ma lo maritz trai sent ben tutz
                                turmentz
21 Qeilla del drutz dol e mal ses garensa
E de la domna afan e mescreensa

E de sun dan es ades angoisos
24 E la domna el drutz samau que
                                trastortz bons.

Lantelm ben pauc es en amor sabentz
Qentrels amantz es aital as el cors
27 Con plus samou magier es lor langors
Sill nons veson cel moron esament
Com tantalus ce so ce plus lagensa
30 Ve e non a agunda ni valensa
Ma lo maris ce plus es cosiros
Baisa la domna et reman daffan blos.

33 Ramond damor sai mieltz caltr om
                              ·  viventz
El seus veçers sai del fins amadors
Cau en pensa na tant fin giol cel paors
36 De nul gelos non deu esser gia sentz
La domna el drut au damor maute-
                                neusa
El gielos es pels mals for disensa
39 Ce ab aiso leis uas cui es orguoglos
Quel bais noil val quell aigal carbos.

Lantelm al drutz nonz (u)e al plur-
                                amentz
42 Caisi con lors es de joi sabors
Lo pens aisi lor notz com alla flors

Can faill al frutz don pes esser manentz
45 La domna el drutz an damor sovenença
Car cascun muor car an del fruit
fagliença
Mas lo maris nom trai mal em perdons
48 Qil giae a la domna el drutz
muor enveos.

Ramond car a veraia conoisença

Na salvagia de londre on gioi comenza
51 Vos diga cal trai plus mal angoisos
La domna ol drutz ol marit gelos.

Lantelm daiso uoill que don la
sentença
54 Labinia de cauais cades gença
E de pres e soraiva de le pros
Damor de sen e de belas faisons.

## XV. G. Riquier — Miquel de Castilho — Codolet. Hs. R 34 a, B. Verz. 248, 11.

1 An Miquel de Castilho
Et a tu Codolen deman
3 Si deu saber mal o bon
De si dons a fin ayman
Sil fa es o tart nonchalen
6 A vista de tota gen
Si selat
Loy fa de bon grat
9 Mas res non lautreya
De so quel guerreya

Gr. Riquier non es bo
12 Qeu amor ay enian
Car us non pot far son pro
De sidons ab fals semblans
15 E dic vos qe non es gen
Samor ni son lag parven
Nil ris fat
18 Es gay biaysat
Nom play ans mesfreya
Amors que guerreya.

21 Codolet. Guiraut Riquier bel e bo
Mes quieu diga en chantan
Mon cor de bela razon
24 Que vos me metetz
Si midons ques davinen
Mens garda am fals parven
27 Lo selatz
Li prec ab bon grat
Si tot ses desleya
30 Amors quem guerreya

Guiraut Riquier Les damor no sabetz
p(e)r(b)o
Caus dizetz fallimen gran
33 Miquel e no sabetz con
Quieu res dace nous deman
En Codolet falb yssamen
36 Non tan sabiamen
Car lauzat
Ma lesgart priuat
39 Mas res nom despleya

Del deman que deya.

Miquel. Yeu vos ay dita razon
42 Gr'. segon mon semblan
E vos metetz mi tenso
Ab vostre genh cavetz gran
45 Quieu parli pron que menten
Del deman caysi conten
Sil amat
48 Nol a joy donat
De leys cuy enveya
Ben laus ques recreya.

51 Codolet. Guiraut Riquier oc e no
Vos puesc dir al meu semblan
Mays er ay chauzit mon pro
54 De so canatz demandan
Sis fis aman que senten
A pros don conoysent
57 Ques gardat
Laya per privat
De fin cor lautreya
60 Le joi quel guerreya.

Gr. Riquier. Miquel ab razonar geu
Cuiatz cobrir falhimen
63 El falhat
Codolet vertat
Mais lo viguier veya
66 Damor cal pus fadeya.

Miquel. Guirant R. nom repen
Per vostre blasmar soven
69 Ni falsat
Non ay lo dictat
Mas mon cor santreya
72 A luy giar coveya.

Codolet. Per conrat vigier valen
Vuelh venir a ensenhamen
75 Cal falhat
Dig na escac mat
Gr'. e qe veya
78 De nos cal fadeya.

## XVI. Lanfranc Cigala. Hs. I 93 c, B. Verz. 282, 4.

1 Entre mou cor e mon saber
Si moc tenzos lautra nueg quem
       dormia
3 Del faillimen don si plaingnon lamau
Quen dizia quen lur colp esdeve
E mos cors ditz seingnor ges en nol cre
6 Anz es amors cel qui fai tot lengan
El sens carget las domnas de failla
Et enaissi tenzonem tro al dia.

9 Mos cor levet et dis eus volll querer
Seingnor sius platz perdon queu
      primers dia
Se cel qi fail agnes lo dol el dan
12 Tot lagr amors caitan mal si capte
Quel destreing lun e laisse lautrel fre
E lun tesors lautre carga dafan
15 E fui als pros eil fals uan manentia
Ara iutiaz si respogtz far poiria.

Et eu seingnor en dirai mo voler
18 Zo dis mos senz queu crei queil fail la
         sia
De las domnas car si fan pregar tan
Esser tal us que can la dompna ve
21 Qui ben la prec iamais noill volra be

Puis prega tal que non la ui pregau
Mas eu tengra plus bella cortezia
24 Si de cellui qui lames fos amia.

Senz vos el cor failletz al mieu parer
Quel failimenz mou totz de leuiaria
27 Dels amadors qui son fals e chamiatz
E car domnas i trobon pauc de fe
Si fan preiar et longnon lur merce
30 Per conoisser lo leial del truan
E quan trobon amic senz tricharia
Li fan amor si coma faz lamia.

33 Ab tan mi fo nengnia per vezer
Som fon semblan ma domna quem
        disia
Bels douz amics en vos ren merce grau
36 De la honor quaves faicha per me
A las dompnas e non failatz de re
Sil drut fosson tal com vos la blasman
39 Non sannera negus de drudaria
Mas sauis lau que fols leu sa follia

Domna merces quar maves onrat tan
42 Vostre sui eu e serai a ma via
Em lau de vos qi ques plaigna damia.

## XVII.—XIX. zu III, welches der Form nach genau mit Guill. Peire Cazals 7 stimmt, stehen auch in naher Beziehung: Blacatz 6 (M. W. II, 136) und 1, sowie Isnart 1,2; vgl. S. 50 Anm. unten. Die 3 letzten Gedichte, welche nur in Dᵃ 207 c — 208 und in N. 281 a — c stehen, sind noch ungedruckt. Ich teile daher ihren Text nach Dᵃ mit:

### XVII. Nasnarz d'Antravenas. Dᵃ nº 757, B. Verz. 254,1. R. Ch. V, 40 C. 1, 2.

1 Del sonet den Blacaz
Sui tant fort enveios
3 Qe descortz e chanzos
E retroenzas i faz
E quar vei qa lui plaz
6 Sirventes i faria
Si faire li sabia
E pos far no li sai
9 Una danza i farai
Coindeta e ben estan
Que chantoill fin aman
12 E mova de coindia.

Si plagues an Blancaz
Pos novels es lo sons
15 Mais valgra sa chanzos

Si meses puois e praz
Horz e vergers et praç foillaz
18 Espaigna et Almaria
E Franza et Lombardia
E los bauzes Bertelai
21 E los loncs jornz de mai
El dolze mes de lan
El herba saint Johan
24 E la pasqa floria.

De tant fo mal menbratz
Car dons rainatz lo ros
27 Ni belins lo moutos
Nisigrins lafilaz
Ni floris qera amaz
30 Ni mellans ni paula

Nil puois sainta maria
Ni tiflas de roai
33 Ni raols de cambrai

Noi foron nil deman
De perceual lenfan
36 Ni fo lalba del dia.

## XVIII. Blacaz. Dᵃ nᵒ 758, B. Verz. 97, 1.

1 Ben fui mal conseillaz
Car las granz messios
3 Que uei for ab aillos
Noi mis el bel solaz
De lui ques tant preisaz
6 Pos tenc la soz bailia
Ni mis la seignoria
Que de bariols leschai
9 Nil ric deman que fai
Ni mis la testa gran
De lui qe tel sos man
12 Qen aureilla tenia.

E fo be grans foldaz
Car noi fol guarraignos
15 Qel ac quant fo espos
Ben a trent anz passaz
Pos tengut la assaz
18 Ben lau qen mon chausia

E car son nom non cambia
Que conestables fai
21 Maint canal saur e bai
Det lautrer e ferran
Seu percaz mal estan
24 Per qel noms li taingnia.

E fui laiz oblidatz
Car del seus compaignos
27 Noi mesi mais de dos
E fos enamiraz
En bechai desmongaz
30 Fos en la primaria
Cuna ues lo dia
Des a mangar sesmai
33 En cort plus non dirai
Que nombran
Lei son dels poinz suan
36 Don fai cara maria.

## XIX. Nisnarz Dᵃ nᵒ 759, B. Verz. 254, 2.

1 Trop respout en blacaz
A lei domen iros
3 E car di mal de nos
Fai que mal enseignaz
E seria foldatz
6 Seu meteis li dizia
Que uins lo contraria
Mas aitant li dirai
9 Qui mais di que non sai
Chascuns enten mon chan
E lais men ab aitan
12 Qe mals dirs es folia.

Quant es del tot armaz
Es tant gaillarz e pros
15 Per qeu sui temeros

E uolria sil plaz
. . . . . . .
18 Vendet la seinoria
Qe sa neza i tenia
De qe fez conrat plai
21 E quant fo pres cho fai
Qua un uilan truan
Rendet lausberc el bran
24 Feiz grant caualaria.

Dels diners queill deuia
Nespaza uolc far plai
27 Mais que metre en assai
Son ualen cors prezau
Si fer el datrestan
30 Ainz que nos combatria.

---

# Nachtrag.

Erst bei Durchsicht des letzten Currecturbogens kam mir eine Arbeit von H. Knobloch „Die Streitgedichte im Provenzalischen und Altfranzösischen" (Diss. Breslau 1886) zu Händen. Dieselbe veranlasst mich zu folgenden Nachträgen.

Zu 8. Der eingehende Vergleich, welchen Knobl. p. 57 ff. zwischen dem Jeu-parti und Joc partit zieht, bestätigt, dass ersteres keinen originellen Zug an sich trägt, vielmehr in seinem ganzen Gerüst, in Formulirung der Frage, Raisonnement, Wahl der Richter etc. eine Copie des prov. Joc partit ist. Auch lassen sich vollständige inhaltliche Uebereinstimmungen der subtilen Streitfragen constatiren, doch ist daraus bei der Einseitigkeit des Stoffes, welchen beide Litteraturen in dieser Liedergattung behandeln, nicht stets auf Nachahmung zu schliessen. Die Zahl der Jeux-partis ist etwas zu vermindern, da Raynaud, wohl durch die Bezeichnungen in den Handschriften verleitet, auch einige fingirte Tenzonen resp. Dialog-Canzonen (No. 335) oder mildere persönliche (No. 1111. 1966) und politische Tenzonen (No. 1878) als Jeux-partis und einige Jeux-partis irrtümlich doppelt aufgeführt hat, wie No. 770 (Forts. von 861) und No. 916 (Forts. von No. 947). Aus No. 1448, welches selbst kein Jeu-parti ist, sind drei Strophen eines Jeu-parti zwischen Gautier d'Aispinau und Bestourné (Gautier, un jeu vos veul partir) als besondere Nummer auszuheben (Knobl. p. 63). Auch für die übrigen im Nordfranzösischen vorkommenden Arten des eigentlichen Streitgedichts (s. zu 106 u. 132) ist Entlehnung aus dem Prov. anzunehmen.

Zu 9. Frag- und Antwort-sonett im Italienischen. Die Proposta eines solchen druckt Knobl. p. 68 nach Poet. del primo sec. I, 535 ab. Der Gegenstand der Frage, welche zwischen Bartolomeo Notaio da Lucca und Bonodico verhandelt wird, ist derselbe wie Raimb. de Vaqu. (392) 29. Ein Sonett von Palamidesse Belindore: Due cavalier cortesi e d'un paraggio (Canzonette Antiche, Firenze 1884 p. 42) enthält eine ähnliche Frage wie Guionet (238) 2. (Knobl. p. 69). Ueber die Frage, ob die Liebe zu einer Donna oder Tozeta vorzuziehen sei, verhandeln im Ital. 1) Ricco und Ser Pace (Poeti del primo sec. Il 395 u. 404 f.). 2) Verzellino und Dino Frescobaldi (P. d. p. s. II, 526 f.) Knobl. p. 68. Eine dreiteilige Frage, welche dem Torneyamen 432, 2 ähnelt, ist Gegenstand eines Streites zwischen Adrianus und Frate Anton da Pisa. Hier setzt die Dame dem einen der drei Liebhaber ihren Kranz auf, nimmt sich den des anderen und erteilt dem dritten einen leichten Backenstreich s. Neumanns Lbl. 1885 p. 74. Knobl. p. 44.

Zu 19. Als allgemeinste Bezeichnung des Streitgedichts führt Knobl. p. 4 für tenso den Abs. 74 dieser Arbeit erwähnten Namen „guerrier" aus dem Gedichte Joans de Pennas 1 an, in welchem Dichter und Dame sich mit „guerrier" und „guerrieira" anreden. Das Gedicht wird von Knobl. für eine wirkliche Tenzone gehalten, ist aber zweifellos als Canzone in Gesprächform anzusehen. Es ist daher misslich, diesen nur einmal belegten und dort als Scherzwort verwendeten Namen gleichbedeutend mit „tenso" zu halten. Bezl. der Auffassung von „guerra, guerrier" bemerke ich die Stellen: „Guionet, ben vei con vai Vostre razonamentz; E guerram tornatz lo plai Lai on vos sofraing sens 238, 3 C. 4. E no m'en tengas per guerrier 242, 22 C. 1." Uebrigens wären Belegstellen in dem von Knobl. aufgestellten, jedoch nicht vollständigen, Namenverzeichniss (bes. für Torney.) erwünscht gewesen.

Zu 23. Dass speciell der Ausdruck „partimen" für die Tenzone im engeren Sinne missbräuchlich angewendet worden sei, wird zwar durch die Gedichte selbst nicht bezeugt (Knobl. p. 7), doch findet sich die Verbindung „partir plait" in der pers. Tenzone zwischen Blacatz und P. Vidal: „Quar anc partis plait tan descomunal 97, 7"; vgl. auch das persönl. Partimen 111, 1 (§. 66).

Zu 67. Denselben Charakter wie die §. 25 besprochenen Desputoisons tragen auch noch die von Knobl. p. 55—56 erwähnten fing. Tenzonen zwischen Cuer u. Corps (B. afrz. Chr. 462); Raison u. Jolive pensee (Arch. 42, 293); Raison u. Amour (Ec. des ch. V, 15); cf. Garin lo brus 1 (Abs. 89); ferner 2 Gedichte von Butebeuf: 1) Lautrier un jor jouer aloie (B. afrz. Chr. 371), in welchem er den Jongleur Charlot und einen Barbier sich über ihren Vorzug streiten lässt und den Barbier für den weniger schlechten erklärt; 2) Desputoisons dou Croisié et dou Descroisié (A. Jubinal, Oeuvres compl. de Rut. p. 124 ff.), welches den Streit eines Kreuzritters mit einem, der das Kreuz nicht genommen hat, darstellt.

Zu 71. Zu den in Coblas tenzonadas abgefassten Gedichten werden von Knobl. p. 11 auch die Tenzonen: „NAimeric, queus par d'aquest marques" (s. 137) und teilweise diejenige zwischen Cercalmon und Guillalmi (s. 27) gerechnet. Nach der von den Leys angegebenen Probe scheint jedoch hauptsächlich die Cobla der dialogisirten Canzonen diesen Namen zu verdienen. Auch im Nordfranz. giebt es Coblas tenzonadas: Qu' est ce que j'oy? „ce suis je". qui? „ton cueur". B. afrz. Chr. 462 (Knobl. p. 52). Beiläufig will ich hier noch auf eine fernere Notiz der Leys hinweisen: „Alqu fan dansa de coblas tensonadas laqual adonx appelan dans, pero entre dans e dansa no fam lunha diferensa" (p. 342). Eine mit der Tenzone oder dem Partimen gar nicht in Zusammenhang stehende Cobla partida wird von den Leys p. 334 erklärt: „Cobla partida es can conte dos o motz diverses lengatges."

Zu 72—74. Knobloch (p. 14 u. 22 f.) rechnet die Abs. 72 bis 74 besprochenen Gedichte teils zu den wirklichen (Joh. de Pennas 1. Pistol. 4. G. Rain. d'At 4) teils zu den fingirten Tenzonen (Alb. de Sest. 10. Aim. de Peg. 23). Raimon de las Salas 3 u. Bertr. del Pojet 1, welche ich bei Knobl. nicht finde, hätten mit noch grösserem Recht zu ersteren zählen können, während die Aufführung des romanzenartigen Gedichts 461,28 (Arondeta de ton chantar m'air, Arch. 34,377) und der Verweis auf die Romanze 323,23 (s. Römer §. 35) unter der fingirten Tenzone besser unterblieben wäre. S. 53 lässt Knobl. für solche Gedichte im Nordfranz. die Beteiligung zweier Verfasser unentschieden. Dialoge zwischen Dichter und Dame, ähnlich wie im Prov., sind Raynaud 30. 335; ferner „Douce dame, cui j'ain en bone foi" (Arch. 42,277), in welchem Kreuzritter und Dame ihren Trennungsschmerz aussprechen und „Chanter me convient plains d'ire" (Hist. litt. XXIII, 819). Dieses Gedicht hat etwas mehr den Charakter eines Streites, wie auch die fing. Tenzone des Quene de Bethune: „Il avint ja en cel autre pais" (Schel. I, 20). Ob die Pastorelle eigentlich als eine besondere Art der fing. Tenzone aufzufassen ist, wie Knobl. p. 23 will, lasse ich dahingestellt.

Zu 89. Fingirte Partimen (bezw. Torneyamen) wie Lanfranc Cigala 4 gab es auch im Altfranz. So z. B. Raynaud 1075, in welchem der Dichter mit der Minne darüber streitet, ob die Liebe einer Dame fortbestehen könne, wenn ihr von Jugend auf geliebter Ritter bartlos bleibt. In einem anderen fing. Jeu-parti: „Conseilliez moi signour" (Arch. 42, 254) spricht der Dichter sein Schwanken zwischen der Annahme einer zwar ehrenvollen aber genusslosen und einer genussreichen aber weniger ehrenvollen Liebe aus. (Knobl. p. 71 f.)

Zu 96—100. Auch Knobloch rechnet p. 20—22 sowohl die kürzeren, aus Herausforderungs- und Erwiderungs-Cobla

bestehenden, wie längeren Gedichte, bei welchen Angriff und
Antwort je aus einer Cobla mit Tornada oder mehreren Coblen
bestand, zu den Tenzonen („tenzonierende Coblas"). Zu den
längeren Antwortgedichten p. 49 unten füge hinzu: Uc de Mataplana 1 — Raimon de Mir. 30, Raimons Verteidigung gegen
den Tadel Uc's wegen Trennung von seiner Gattin; ferner Bo-
nifaci Calvo 7 — Bertolomeu Zorgi 10 (L. u. W. 396), in welchem Zorgi seine Mitbürger, die Venezianer, gegen die ihnen
von Calvo gemachten Vorwürfe in Schutz nimmt.· In den Erwiderungen wurden dieselben Reime angewendet.

Zu 106. Tenzonen mit so ausgeprägt kriegerischem Charakter finden sich im Nordfranz. nicht, dagegen sind wieder
mildere, dem Partimen sich nähernde (s. §. 56 — 58) auch dort
vorhanden: Raynaud No. 1111. 1966.

Zu 132. Knobloch p. 18 f. trennt die historischen Tenzonen
nicht als besondere Art ab, sondern bringt sie mit Ausnahme
von Faure 1 (von K. p. 8 als Part. bez.) mit der Tenzone im
eng. Sinne zusammen. Ich würde dieselben, wenn nicht als besondere Art, mit Uebergehung der stricten Forderung der Leys,
dass das Part. eine zweigliederige Frage sein müsse, lieber als
Partimen auffassen. Auch im Nordfranzös. giebt es politische
Tenzonen: Raynaud 1878 und „Gatiers, ke de France veneis"
(L. d. L. 176 ff.), welche Knobl. p. 54 consequent zu den Tenzonen im eng. Sinne zählt. Erstere bezieht sich auf die während
der Minorität Ludwigs IX. ausgeführten Kämpfe der Barone
Frankreichs, welche wegen ihres Zögerns verspottet werden,
letztere tadelt Pierre Mauclerc, dass er seine Tochter Iolande
mit dem so entfernten Grafen Hugo v. Lusignan vermählt hat.
(Knobl. p. 55).

Zu 142 u. 165. Die zu wählenden, gegen einander geteilten Gegenstände werden im Prov. gewöhnlich „partz" 1, 1. 248, 20.
201, 6. 233, 5. 236, 8. 248, 14. 248, 75 etc.), „parti(d)a" (248 14.
201, 6), „jocx" (432, 2. 248, 75). „razos" (10, 19. 239, 1. 249, 2.
248, 28. 406, 16) genannt, welches jedoch wie jocx auch allgemein
für den Gegenstand der Streitfrage gebraucht wird: „D'esta razo
quem partetz" 236, 8. s. auch 296, 2 Torn.; ferner steht dafür auch
„partimen"(En R. nul consirer Non ai d'aquest dos partimens 388, 1)
und „plaç (plaitz)" : „Monge, eu vos demant de dozplaç cortes 75, 5.
N Albert, eu sui en error D'aquests dos cortes plaiz jujar 167, 42."
Im Allgemeinen lässt sich also behaupten, dass sich dieselben
Ausdrücke, welche für das Spiel gelten, auch für seine Teile
wiederfinden. Wie für die Entscheidung des Richters wird
auch für diejenige des herausfordernden Dichters „jutjar" (10, 28.

167, 42. 461, 16) oder „faire jutjamen" gebraucht: „Ieu no fas
jes volontier jutjamen 145, 1 C. 2, 3. E dic vos per mon ju-
jamen 167, 42 C. 2." Letzte beiden Stellen, welche Knobloch
übersehen, stimmen mit dem nordfranz. „faire jugement" überein,
woraus Knobloch den handschriftlichen Titel „jugement d'amors"
für das jeu-parti herleiten will. Neben „jugamen" wird auch
„conseil" gebraucht, und zwar selbst in solchen Partimen, deren
Streitfrage nicht als eine Bitte um Rat formulirt ist: „NElias
a lauseniador Datz conseill . . . . . Mas greu tenrant l'amic
verai Lo vostre conseill per meillor 194, 17. De vostre conseil
mi destoil 436, 1.", vgl. hierzu Knobl. p. 6 u. 51. Dass die
Beweisführung weniger auf Beibringung wirklich überzeugen-
der als höchst sophistischer Gründe hinauslief, ist bei der Sub-
tilität der Fragen selbstverständlich. Fast ausnahmlos -- nur
einmal erklärt meines Wissens ein Streiter beinahe für die gegnerische Ansicht gewonnen zu sein 167, 44 Torn. 1 — beharren
denn auch die Kämpfer bei ihrer eigenen Ansicht. Auf die oft
sehr frivolen Ausführungen der Trob. näher einzugehen, hielt
ich für überflüssig.

Zu 151. Aehnlich wie Bertr. d'Alam. in 205, 1 wird auch
im Nordfranz. Mahieu le Juif, der zur röm. Kirche übergetre-
ten und Mönch geworden war, spottend gefragt, welcher von
drei Ständen besser sei, derjenige eines Mönches, Ehemannes
oder Junggesellen; also auch hier eine dreiteilige Frage zwischen
zwei Dichtern wie 97, 3 u. 283, 2. (Knobl. p. 65).

Zu 174. Diez, „Ueber die Minnehöfe" p. 124 führt ein
solches über einen wirklichen Streit gefälltes, in Reimpaaren
abgefasstes, Urteil auf. (Knobl. p. 50). cf. Bartsch, Grdr. §. 29
Anm. 8.

Zu 195 ff. Tenzonen, in welchen sich die Wechselrede von
Reimpaar zu Reimpaar bewegt, in welchem Falle sie nach den
Leys 20 — 30 Paare zählen können, sind nach der Zusammenstellung in §. 83 nicht vorhanden. Für das Nordfranz. gelten
hinsichtlich der Form im Allgemeinen dieselben Regeln wie für
das Provenzalische. Auch hier wird das Gesetz der Beibehaltung derselben Reime beobachtet. Als Ausnahmen davon sind
nur Raynaud (30), 840, 1187, 1191, 1949 zu verzeichnen. Gewöhnlich zählt auch das nordfranz. Streitged. 6 — 8 Strophen,
nur einmal 20 achtzeil. Strophen in einem Jeu-parti v. Adam
de la Halle und Jehan Bretel (Couss. 172 ff.). Mehr wie zwei
Teilnehmer sind Knobloch (p. 52) nur einmal begegnet im Jeu-
parti „Biau sire tresorier d'Aire" (Ec. d. Ch. V, 474), in welchem zwei Dichter je eine Partei bilden, sodass der eine zugleich im Namen des anderen spricht.

Am Schlusse geht Knobloch kurz auf das Werk des Andreas Capellanus über die Liebe (de arte amandi et reprobatione amoris) ein, welches mehrere mit dem Jocx partitz´ übereinstimmende Fragen und ebenso sophistische Erörterungen derselben enthält. Ob sich Andreas desshalb bei Abfassung seiner Mustergespräche für Liebende diese Streitgedichte vielfach zum Vorbilde genommen und seine Ansichten teilweise aus diesen entlehnt habe (Knobl. p. 79), lasse ich jedoch auf sich beruhen. In ihrer Darstellungsweise hatten die Quaestiones des Andreas vermutlich Aehnlichkeit mit den Contentiones der Blanchemain. (s. Abs. 6).

Die noch ungedruckten, mir zum Theil unverständlichen prov. Streitlieder füge ich, da Knobloch sie nicht benutzen konnte hier noch an, während ich auf das französische Streitgedicht später mit Benutzung eines grösseren Materials zurückkommen werde.

### XX. Alexandri — Blacasset. E 226ᵃ (M 260). B. Verz. 19,1.

1 En Blacasset bon pretz e gran largueza
Avetz ab joi a cui que plassa o pes
3 Quar ieu ho sai que nous plaz
escarseza
Ca mi aues donat dos palafres
Enaissi com ieu uei suria
6 Pero bem platz sa vos plazia
Que la nuill tems nom dasetz vostr
aver
Ab sol quel mieu no voillatz retener.

9 Alixandri sanc mi prestetz nous peza
Quar nous paguei ieu sai cum ho
faretz
So caves dig queus del ab gran
largueza
12 Er tot vostre sol de lautrem sostes

E quar lo dons trop mais valia
Quel pretz en mon canzimen sia
15 Ho sieu rendes so caves dig per ver
Quieu vos donei rendrai vos vostr
aver.

Si ab vos saluar mi podia
18 Jamais ab autre non perdria
Quar ieu no ueill sestiers puesc
retener
Mon bon amic perdre per mon auer.

21 Ab mi uos saluares tot dia
Que non perdres sieu non perdria
E podetz mi per amic retener
24 Sol no voillatz so quem prestetz auer.

4 mi dones *E* mi a. dat *M* — 5 Tot autressi — 7 non dones *M* — 13 dous val mais quel prest non fes *E* — 14 Quel pretz *fehlt E* — 21 tota nia *E* — 22 perdria *E*.

### XXI. Bertram d'Alamano a Guigo H 54ᵈ (R 25ᵃ). B. Verz. 76,1.

1 Amic Guigo be maurobs de ton sen
Si vols apenre del mestier de cals so
3 Qe trotiers fos una longa saizo
Mas pois uos fos apolatz a serven
Emblauas bous boca fedas els moltos
6 Pois fos trobaire de far vers e chansos
Ar iest polatz a maior honramen
Qel coms na fait caualarat saluatge.

9 E can iras gigo cridar la gen
• Zelosia cridaras per meisso
E cobeitatz per lo de don corsso
12 E muillon per parlar sutilmen *
E per enian cel de cui es salos
E per beure cel cui es corteissos
15 E cridaras lunc e per sobresen
E castelnou per ceba e formatge.

1 massaut *H* — 2 Car de m. vols apenre c. son — 4 pueis auzi dir que puglest — 5 Quenblauas et box et motos — 6 luglars de dir v. — 7 Araus sc en m. *H* — 8 caualier s. — 9 Can *H* — 10 Gelozia cridar p. nermesson — 11 lo dnc de torcho — 12 E per p. — 13 per beure sel cuy es corteso — 14 per enian lo senher de selo.

## Guigo li respondet aisi.

Seu crit Bertram per cels que son valen
18 No cridarai per vos Alamano
Qeu vos ai vist ses honor e ses pro
Annan la cort de Proenza segen
21 Qe no es [faytz] per vos conduz ni dos
Ans davols motz uer uassalha enolos
No sap nulhs homs mielhs de vos far
paruen
24 E ja per me no perdatz vostr usatge.

Vostre fraire Bertram al partimen
Partis e pres per com lo tenc per pro
27 Qe aisi tenc zo qe taing a baro

E vos laisset tot zo com malvais preu
Pois vos laisset de tota valor blos
30 Mas beus laisset qe de totz bes socos
Gran malvestat ab lait captenemen
E gran cors fiac farssit davol coratge.

33 Qe qe crida proenza per los pros
En cridarai avolessa ves vos
E cridarai flaqesa e volpilhatge (nur H)

36 Cavalier layt trop er de donar leyt } nur R.
A foc a foc per restaurar paratge. }

Qieu vey tot lan R, vist lonia saso H — 20 Canan — 21 E — 22 Pero de
motz R, motz manals H — 23 Vos enanzatz enanatz far prezen H — 26 per quel ten
hom per — 27 Quel pres en so . . ad home bo — 29 Quel . . . totas razos — 30 Mal
uos l. qe totz be vos s. — 31 ab croy captenemen — 32 Ab . . fals — 33 Aiso c.
guigo tetas sazos R crit H — 34 Tro que crides proeza per los pros.

## XXII. Joan Lag — Eble. R 34ᵈ. B. Verz. 267,1.

1 Qui vos dara respieg dieu lo maldia
Si non dizetz en chantan tota via
3 Que cuiatz far nebles del vostre afayre
Say sistay preyayre
Per larma de mon payre
6 No mes a veyaire
Que jamais sieus niscatz
Al mal queus vey trayre
9 Quieus dic que pus trobatz
Estatz
No fer layre
12 Cant sap quer afolatz
Pessatz
Tost de rayre
15 Que fozetz mal camiat.

Camjatz soi yeu Joan Lag ses falhia
Com sel quen tot cant vol far se
fadeya
18 Cuy auen tot ca li enueya faire
Car tot mon afayre
Com lo degra cap traire
21 Maue ades fayre
E vos dizetz chantatz
Co seray chantayre
24 Que totz son bes chantatz
Malvatz
Bes chantaire
27 Totz jorns me bes vantatz
Seratz
En cantayre
30 Ben en chantaryatz.

Beus es forsatz com siatz bon doblaire
Pus auzi dir nebles que lemperaire
33 Vos vol vezer e creus ben sieus vezia
Pro vos donaria
Mays per dieu sieus auzia
36 Auzir nous volria
Car mal e lag parlatz
Mon parla ja
39 E vos chantariatz
Anatz
Ou que sia
42 Ja respieg non prendatz
Seuhatz
Vos en via
45 Nous cal sieus periuratz.

Cuiatz layre tug sian vostre frayre
Que vos dizetz quieu fes tot mon
afayre
48 Pro per deuiers e per dieu sim fazia
May per ren que sia
Yeu nom periuraria
51 Ni don no penria
Dome que sia natz
Que per joglaria
54 Hom fos prezentatz
Nom platz
Periuria
57 Ni nulh malvat perchatz
Siatz
Te sauia
60 Auer mal conquistatz.

## XXIII. Lanfranc Cigala a Lantelms H⁵⁷. B. Verz. 282,13.
### Entgegnung s. R. Ch. V, 247.

1 Lantelm quius onra nius acnoill
  A pauc de sciensaa
3 Qen vos no trob om mas orgoill
  Ab desconoisenza
  E comtatz de gui de nantoill
6 En loc de valenza
  Ez en pastatz coblas ab soill
  De descouinenza
9 Mas entre nos or nom be joill
  Da bona semenza
  Per qe las metonessai en moill
12 Qar son de durenza
  Mas fort faillon breissan part oill
  De quem desagensa
15 Qar ill prendon vostre jangloill
  Per chan de proenza
  Per qeu lor do
18 Per cosaeill bo
  Ca joglar nec
  Baus e pec

21 E cec
  No donon tan de grec
  Car es grans faillenza
24 E ges no taing
  Dir aur destaing
  Ni taing abandonar
27 Ni far
  Cuidaz
  Del sal qes teignon car
30 Car es . . . . . . tenenza.

  Lantelm ens am per qeu no voill
  Qe foudatz vos venza
33 Qennez ab bonas gens en broill
  St chans lor agenza
  Car del vostre chan fan vostroill
36 Ploran penedenza
  El chans plors fai lo plus vert foill
  Secar en paruenza
39 E parlatz tan cab vostre groill
  Faitz fugir plasenza.

## XXIV. Raimbaut de Vaqueiras — Guillem de Bauz Dᵃ 210ᶜ
### (nach H in Monacis Facsimili 1 nᵒ 3) B. Verz. 392,31.

1 Tuit me pregon Engles qe vos don
          saut
  Del fol amar don es en fol venguz
3 Don toz autrom fora decazeguz
  Mas vos es tant de ric corage et haut
  Qe la foudat don nulz hom nous rasona
6 Sabes cobrir e si fosson frances
  Cil destela veniamen nagraz pres
  Quar nous donet lo reis qom non-
          chaizona

9 Bem meraneill de vos en raimbaut
  Cum vos es tau endreich me irascuz
  Qen breu serez per fol reconoguz
12 Plus qeu peirors qe hom ten per arnaut
  Anaz vos en al rei de barsalona
  Et als autres si com auez enpres

15 Qe mais amaz deniers e pauc darnes
  Qen conoguz lamor de na felona

  Angles beu tost venguest naimars
          lassaut
18 (210d) Qeill pescador sius preiron
          con un luz
  Non dic eu ges que ano fosses batuz
  Si non fon colps que vengues de renaut
21 E no en mier mal sil reis uons
          [det] nios dona
  Ni car crezes lo sagel del borgues
  Lo prodome per qe nauez comes
24 Bons dieus fora naimars que tost per-
          dona.

Str. 2 gedr. R. Ch. V, 185 nach H.
Str. 3 nicht in B. G. verzeichnet.

## XXV. Guiraut Riquier — Bonfil. R 35ᵇ. B. Verz. 248,16.

1 Auzit ai dir Bofil que saps trobar
  E fas coblas mays saber vuelh
          breumen
3 Per can chans as de re espauen
  O as dona per que o deyas far
  O si cantas per plag de joglaria
6 Ni per auer de lunh home que sia
  O si chantas que ton pretz sen enans

  Car ton can val sas razon per que
          chans.

9 Guiraut yeu chan per mon cors
          alegrar
  E per amor de ley quem ten jauzen
  E car me platz pretz e joy e joven
12 . . . . . . . . . . . . . .
  Mas jes non quier enans ten donaria

Ca mans ne do per amor de mamia
15 Ques cuend e pros e gay e benestans
E chan per lieys car mi fa bels
semblans.

Bofilh enquer te vuelh mays
demandar
18 Pus per amor cantas nit tens jauzens
Ni per domna e di mo sertamens
De cal leys es degra men o essar
21 Car nos tanh jes com que trachors sia
Cul es contra tengas nostra via
Car totz tos ditz e tos fatz son
pezans
24 A ibu crist car lon auetz esglans

Pus plag damor layssatz per
sermonar
Laysal parlar e vist blanc vestimen
27 Gr. e pueis er grans lesputamen
Que ies midons no vol crotz adhorar
E si en tei fos amor ni cortezia
30 Jal tuegar nom tengras a folia

Camors vol questuel ols aymans
Per que degus non deu esser clamans.
33 Bofilh anc hom no poc pus ferm
amar
Ni en sermo non ac mens son euten
Que yeu per tal que en lays dom-
ney plazen
36 May repeur et deguy del tueiar
E tu com fol despendes ta folia
Que vestimen velas dir not tanhia
39 Nil jutjamens pero tan per prezans
Sel dopian . . . . . . . .
La tenso lais cueymay not respon-
dria
42 Car razot falh e dizes vilania
E passi meu per mo senh en Bertran
Sel dopi an ques damor benanans
45 Ta resposta no vaelb ni la paria
Destor enan car ma valor senbria
E mos sabers nes mermatz quera grans
48 Car ab ton pus mon er cazutz us pans.

## XXVI. Marques Lanza - Guillem de St. Disdier D<sup>a</sup> 209<sup>a</sup> B. Verz. 234, 12.

1 Guillems de saint Disder vostra
semblanza
Me digaz dun sompni ver qem fo
saluage
3 Lautrer per bona esperanza
Madormi ab los saluz dun ver
message
En un verger plen de flurs
6 Frescas de bellas colors
On feria uns venz isnels
Que frais las flors els brondeis.

9 Don del sompni vos dirai ma
esmanza
Ço qeu men pes nim nalbir en
mon corage
Lo vergers significanza
12 Es damor e la flor domna daut
parage
El venz dels lauseniadors
E bruiz dels fals feignedors
15 Que baissa los pretz isnels
Qe fraing las flors els brondeis.

## XXVII. Bertran — Bernart . . M 260<sup>b</sup>. B. Verz. 75, 2.

1 En bernartz grans cortezia
Es en vos ab tot bon sen
3 E qar vei qen vos si lia
Vuelh vos mostrar mon talen
De so don sui en error
6 De leis qab semblan damor
Ma un lonc temps enganat
Per qieus prec en amistat
9 Mi digas sieu men partria.

En Bertran hom deu tot dia
A enian anuar fugen
12 Per qeus conseilh ses bauzia
Queus partatz de leis breumen

Pos conoisses la follor
15 Del sieu semblan trichador
Ab qens ha lonc temps trichat
Qom pos conois sa foudat
18 Si la sec fai gran follia.

Ieu ai vist per bon atendre
Amics bernartz conqerer
21 Doncs aten em vueilh entendre
En leis qar ric joi nesper
So es per lo sieu semblan
24 E sim vai samors luinhan
Es mi tot bon de sufrir
Per qe no men vueilh partir

27 Per aver qeu saupes prendre.

Folls iest beus en puesc reprendre
Bertrams so vos dic per ver
30 Qar dizes qe ses coutendre
Voles ab leis remaner
Qeus val tot jorn enganan
33 E plus fols qar per lenian
Qeus fai nesper al jauzir
Qieu sai so voles segir
36 Qom nous pot de mort defendre.

Jeu creciel gran adreiteza
Bernartz sapchas fos en vos
39 E vel qe non i sau deza
So co el vostre respos

Qe mi faz dezauinen
42 Ancar vos dic qatenden
La pro auinen aurai
Ses mort qar respos mi fai
45 En so qe la truep corteça.

Bertrams per vostra simpleça
Morres e es grans raços
48 Qar homs qenian e falsesa
Sec nueg e jorn voluntos
Morir deu mon escien
51 Per qe morres veiramen
E pos morir tan vos plai
Morres qieu mo sofriral
54 Non per so *que* fort mi peça.

## XXVIII. Eble d'Uisel — Gui d'Uisel. D 210ª. B. Verz. 129,1.

1 En Gui digaz al vostre grat
Qal presaz mais segun razon
3 Domna adreita de la faicbon
O autra ab autretal beutat
Qes mal enseignada e vilana
6 Mas vos la trobarez certana
Toz temps en toz vostres couenz
E cil qes adreita e plasenz
9 Nous dira ja de ren vertat.

Cosin tant ai acostumat
Far plazers e prendre a sazon
12 Qant son damor dui compaignon

Qe son ab gent mentir mesclat.

. . . . . . . . . . . . . .

. . . . . . . . . . . . . .

En Guis sios avia coigat
15 Quant parla part lo grat el don
La rosa per bona ochaison
E la dreit al tort esmendat
18 Ab bels diz qem reuen em sana
Don pois recort una setmana
Lo plazers el enseignamenz
21 E vos non serez tan jausenz
Que toz non portaz al comiat.

## XXIX. Eble d'Uisel — Gui d'Uisel. Dª 210ª. B. Verz. 129,3.

1 Gui eus part mon essienz
Un joc dun serez conquis
3 En qal cuidaz qom moris
Ennapz daqes dos tormenz
Qe'tota una nuoit dauenz
6 Jacsez ab lei don es gais
Ous tengues us dels aigais
En lega lo terz dun dia
9 Chausez qal volriatz mais.

Neble cum hom recrezenz
Cui amors non abalis
12 Partez e sieu non chausis
Petit maiuda mon senz
Qe si tot nom sui jauzenz

15 De lei que aman me trais
Mais men val uns petitz lais
Qen legal bascles maucia
18 Mas vos qen sabez lais.

En gui plus flaira qausenz
Per qeu li jui eill gandis
21 Et a auz cet cápis
Qe de toz a faiz siruenz
Mais am estar en pendenz
24 Cum fai iudas qe dieu trahis
Qil jamais mabraz nim bais
l'ro al diables qe seria
27 Daizo qil a faiz el mais.

Cobla t ausser Z. 4 s. Rayn. V 139.

## XXX. Enric — Arver. T 75ᵇ. B. Verz. 139,1.

1 Amic Aruer duna ren vos deman
De dus amantz duna dompna ques
        pros
3 Ce dun talent e dun cor son amdus

Mas son deuis lor preis e lor semblant
Car lus es [s]emple e lautre sobran-
        cier
6 Lun pauc presat e non gaire plasentier

A lautre par tut le mont obesir
Gardas cal deu la domna mais eslir.

9 Enric en crei veramenb ses dutansa
Qel sobrancier [c]amor fa star gioyos
Deu mai plasir a domnas et es
raisons
12 Car preis ni sen ni valors non ceu dan
Mai si col fruc qui de laibre sobrier
Son plus plasent e de sabor plenier
15 Tut autresi deu la dompna grasir
Lo sobrancier el nescic deu fuir.

Amic arues eror vos nai menat
18 Non cutz cadreg anc fosses amoros
Ni sen ni preis non seg so sabes vos
Amors corals mas desirs e talen
21 E dompna mais donor e pres conqier
Sun pauc senatz fai valor amendar
Qe fruitz far non sol laibre que nol tir
24 Vol trop ne lo blatz uig ben engranir.

Euric parlatz vos en aquest e gabant
Ben sai damor ma nos nes ublios
27 Que sobrançar adriç tuta saisons
Degratz lansar e vos lanas blasmant

Camors corals aper ton temps mestier
30 Poiar en aut sel non uen al ostier
Neu tenra uana lo blaiç fornir
E dacertan ben nil se deu partir.

33 Amic narner ben ai merveglia gran
De vos qem faitz a diquest plait tenson
Car non es grifagns et sparuier tan
bons
36 E non es al cel tant grua uolan
Mainera com un esparuer ostier
E mielz sap chascun sun norit destrier
39 Frenar dira estraina miellę aug dir
Fruit darbre plantat de sas man cuglir.

Na tantalis ce de valor sobriera
42 Flors de beutat e miragl a lus clera
Enric sabra nostra tenso fenir
Cal deu la dompna per raison mielç
islir.

45 Na balairis a cui don preis entier
Per sa valor domnas e caualier
Amic arner uoill ce deu causir
48 Del dus amantz tut per lo sieu albir.

## XXXI. Folquet de Marseilla — Totztems. R 73b. B. Verz. 155, 24.

1 Tostemps si vos sabetz damor
Triatz de doas cal val mays
3 Ses drutz de tal que nos biays
Vas vos ni sofr autr aymador
Empero nous fay a velayre
6 Queus am ni ques azaut de vos
O autra queus am atrestan
Et a dautres drutz .i. o dos
9 E qeus fassa de plazers tan(s)
Com fin amia deu fayre.

Folquet mes mauetz en error
12 Que trop mauetz partit greu plays
Queu cascun a trebalh et fays
Pero siu penray la melhor
15 Beus dic que no pretz gaire
Dona pul say companhos
Si tot mi fay damor semblau
18 Mays vuelh que mo tenh a rescos
Leys que non aya cor truan
Cab bels plazers me cug trayre.

21 Tostemps pauc avetz de valor
Si per aital amor es gays

Que pus donaus fay col e cais
24 Quel se tengua a deshonor
Beus dic que seral reys son paire
Nous es sos plag onratz ni bos
27 Mays val sela queus tem eus blan
Eus mostra semblan amoros
Sitot se vay pueys percassan
30 Cant vos non es el repayre.

Folquet vos razonatz folor
Que auc dona pus son drut trays
33 Sos pretz no fon fis ni verays
Nil sieu semblan gualiador
Nol podon per ren refayre
36 Lanta quilh fay totas sazos
Mas de bona dona prezan
Say quen es pus ondratz sos dos
39 Sitot nom fay damar semblan
Nom cal sol mam ses cor vaire.

Tostemps li nessi trobador
42 Fau tornar los bels dos sauays
E par a lor semblan maluays
Quel dar non lor aia sabor

45 Doncx com pot dona ben fayre
   *Que* mostre semblan ergulhos
   Mielhs es com suefral bel enian
48 Caisso ja es de trassios
   *Que* auen a motz sofrir lan
   Yeu cug *que* vos nes cofraire.

51 Folquet tal mac a servidor
   *Que* anc companhon nom atrais
   Aram par *que* ad autres lays
54 Per quieu men part em vir alhor
   Mays vos *que* es fisamayre
   Cug quey sia esta razos
57 Cuiatz aissi cobrir lo dan
   E saisi perdes las chansos
   *Que* autre vos parta lafan

60 No say *per* queus es chantayre.

   Tostemps de tort say dreg fayre
   Per cami platz esta razos
63 E sieus en vens joi nayatz gran
   Car vos sofretz los companhos
   Mais nam tal quem fay semblan
66 Damor e noy ay cofraire.

   Folquetz tostemps fatz gabayre
   Jutjada sia esta razos
69 A na gaucelma vuelh *que* san
   E si ieu ab companhos
   Ja *per* so noy ira doptan
72 *Que* ben crey ner fis jutjaire.

## XXXII. Gaucelm Faidit — Albert (de Sestaro) Dᵃ 151ᵃᵇ. B. Verz. 167, 42.

1 Nalbert eu sui en error
   Daquestz dos cortes plaiz juiar
3 Que doas domnas per amor
   Volgron lor cavallier baissar
   E luna no lausset far
6 Anz comenset a plorar
   E lautra nous pot mudar
   Qe non complit tot son taleu
9 Digaz so qeus nes paruen
   Cal en deu mais lamics lauzar.

   Seingner cellei fez mais damor
12 Que no sen saup amesurar
   E deu auer mais de laussor
   Per lamic si ben o volc far
15 Caz auenturas volc gitar
   Per son bon amic gazainguar
   Molt lan pot mais lamics amar
18 Car noi gardet foldat ni sen
   E dic vos per mon juiamen
   Que forsa damor li fez far.

21 Nalbert vos eill autr amador
   Volez ades torz raissonar
   Cum podes dir qe per follor
24 Deia mais druz sa domn amar
   Sill domna saup de mal estar
   Si ne son bon amic gardar
27 Molt lan deo mais lamic prezar
   Car seu cuberc ab jauzimen
   Eill vostres fez tan follamen
30 Qel mariz len degra laissar.

   Seingner eu tenc leis per meillor
   Que noi saup geing ni noutas far
33 Quel fais eill galliador
   Se saben cubrir e laissar
   Et hom no po cor deuinar
36 Catreissi pogon mal penssar
   . . . . . . . . . . . . .
   Aissel que ploret simplemen
39 Mais cill non ac galiamen
   Que volc tot son cor demostrar.

   Nalbert li fezel amador
42 Quill plait damor sabon jujar
   Preson mais lamoros plor
   Tan gen saup son cor passear
45 Et amor no po gaire durar
   Qi nol sap cubrir ni celar
   E cill qe nos volc capdelar
48 Fez vas son amic faillimen
   E vas si mezeisa men
   Per quel druz len degra encolpar.

51 Seinguers sil plorars ha sabor
   Eu no sai fort ben aesmar
   Sofferc per ben o per dolor
54 O per sobrais de trop amar
   Mais qui vol ses deupte pagar
   Nol deu loniamen triar
57 Que so ques faiz non es a ffar
   Don dic eu que val per un cen
   Cill que pag amorosamen
60 E meillz seu pot lamics fiar.

## XXXIII. Guillem Raimon — Pouzet E 223ª. B. Verz. 229,1.

1 Del joi damor agradiu
Chauzetz a lei de cortes
3 Pouzet quieu men alegr en pas
Em nesfortz en momelin
Per que mos fins cors consira
6 Duna pros dona valen
Caz un dona dautra pren
Diguatz ves qual plus se vira

9 En guilem raimon daisiu
Mes que sieu chauzisc ades
De fin amor lo meils ca pres
12 Ne dei esser tan pensiu
Me te ses joi e ses ira
E dic queill dona saten
15 Plus vas sel cui fai prezen
Daquo don lautre sospira.

Pouzet son fort cor antiu
18 Bian domna mais per un tres
Quan pren gaire ni pauc ni ges
Cadreg ten hom per esquiu
21 Penre qui ben so albira
Donx quar fai mais donramen
A sel quil serf qual prenden
24 Beu par camors lai la tira.

Sill ques vengutz al fort briu
Cab sin uol tener dos pres
27 Volgrieu mais que donan monres
Que prenden mas be uos pliu
Guilem raimon queus basira

30 De joi si sill cab mert len
Mausi e sobre plazen
Prezes so de queill servira.

33 Pouset bens uei esforsiu
De pauc dir pero quius des
Trop foras mais del prendren pes
36 Mas sel ca lei dantan uiu
Fora grazitz e grazira
Pro mais donan que prenden
39 Catenden maten siruen
Del joi plus iauzen jauzira.

Meils par que amors abriu
42 Leis que pueia que prezes
Lo cor de son amic el bres
De gen servir azuniu
45 Guilem raimon e chauzira
Uns secx uos qui anatz queren
Quar sel cadona repren
48 Penre ben par qen dezira.

Si la de palau ques mira
En pretz en joi et en joven
51 Pouzet sill plagues plus gen
Dest partimen nos partira.

En iutz om meils non chauzira
54 Quil plus gen el meils repren
Qui razena faillimen
Cautra non ho acuillira.

## XXXIV. Guiraut Riquier — Falco R 34ª. B. Verz. 248,28.

1 Falco don auinen
Amatz may que res canc fos
3 Sabetz sertanamen
Quil ama atertan vos
Et als non podetz auer
6 On faytz tot vostre voler
Desamatz
Saben cal desplatz
9 Cauzetz ses falhensa
Cal plus vos agensa.

Per bo tenc lo partimen
12 Gr. mays luua razos
Val mays a mon essieu
E la nom sia autres pros
15 Am mays leys qe si poder

Na fara mi mon plazer
Que membratz
18 Per lautr entanatz
Car a me parvensa
Fay o per temensa.

21 Prea auetz nessiamen
Co volpilh de dezir blos
Car am desesperamen
24 Volstz esser amoros
E faus o far non poder
Trebalbatz may vuelh tener
27 Ley quem platz
A ma voluntatz
Que ses joi sabensa
30 De sa bon volensa,

Mays vuelh per son cors plazen
Trebalhat estar joyos
33 Que lautra ab marrimen
Per qieu la vos lays a estros
Com la podetz mantener
36 Dol na can lanatz vezer
E solatz
De vos non li platz
39 Ans de laus comensa
Yra e mal volensa.

Cuy pot complir son talen
42 De so de ques enneyos
Trebalhatz non es paruen
Que res sia sofrachos
45 Et amar ses bon esper
El trebalh el mal saber
Vos layatz
48 Qiem son acordatz
Cautra mal sabensa

Mon plazer nom tensa.
51 Sa leys camatz finamens
Trebalhatz et enveyos
Pueys nous tenra per valen
54 Car vas amors non es pros
Vas ela faytz non deuer
Cap joy se vol sostener
57 Iraus platz
Sol profieg nayatz
Yeu vuelh entendensa
60 Damor ab plazensa.

Trebalhat mays fay valer
Ma part quel vostra per ver
63 Don es matz
Son dreg ven jutjatz
En mi quel prec vensa
66 La maior falhensa.

---

# Verzeichniss der zur Sprache gekommenen prov. Gedichte*) mit Ausnahme der S. 49—52 Anm. angegebenen.

---

*) Die mit * bezeichneten Gedichte erfordern Aenderungen oder Nachträge im Verz. v. Bartsch Grdr. oder Eintragung neuer Dichter wie: Aicard — Girard (s. 144), Condolet (248, 11), Gennes (? 386, 1), Graf (239, 1), (Graf v. Bretagne 165, 5), Graf Richart (201, 2), Graf v. Boy (2 48, 74), Peire d'Estanh (248, 75), Senher (226, 1).

# Sachregister.

www.ingramcontent.com/pod-product-compliance
Lightning Source LLC
Chambersburg PA
CBHW030611270326
41927CB00007B/1134